인공지능 리터러시
보드게임북

인공지능 리터러시 보드게임북

초판 1쇄 인쇄 2024년 11월 4일
초판 1쇄 발행 2024년 11월 20일

지은이 박점희
펴낸이 이범상
펴낸곳 (주)비전비엔피·애플북스

기획 편집 차재호 김승희 김혜경 한윤지 박성아 신은정
디자인 김혜림 이민선
마케팅 이성호 이병준 문세희
전자책 김성화 김희정 안상희 김낙기
관리 이다정

주소 우) 04034 서울특별시 마포구 잔다리로7길 12 (서교동)
전화 02) 338-2411 | **팩스** 02) 338-2413
홈페이지 www.visionbp.co.kr
인스타그램 www.instagram.com/visioncorea
포스트 post.naver.com/visioncorea
이메일 visioncorea@naver.com
원고투고 editor@visionbp.co.kr

등록번호 제313-2007-000012호

ISBN 979-11-92641-49-2 13370

교육과 만난 보드게임북 시리즈 8

인공지능 리터러시 보드게임북

박점희 지음

애플북스

이 책에 대한 추천사

2024년 노벨 물리학상은 인공지능 신경망의 기초를 확립한 공로로 존 홉필드와 제프리 힌턴에게, 그리고 노벨 화학상은 구글 딥마인드의 데미스 하사비스와 존 점퍼, 단백질 구조 예측을 개발한 데이비드 베이커에게 돌아갔다. 머지않아 인공지능이 노벨 평화상 후보에 오를 수도 있지 않을까 생각해 본다. 우리는 이제 노벨상을 비롯해 모든 분야에 인공지능이 침투하는 시대에 살고 있다. 따라서 인공지능을 체계적으로 가르치는 것이 그 어느 때보다 중요하다. 즉, 초등학교 때부터 인공지능 리터러시 교육이 필수인 시대다. 그런 점에서 학생들에게 인공지능의 개념과 활용 능력을 가르치기 위해 혁신적인 접근법이 충분히 연구되어야 한다. 또한 인공지능 교육에 새로운 변화가 필요하다. 《인공지능 리터러시 보드게임북》이 바로 그런 책이다. 이 책의 핵심 특징은 학생들이 게임을 하듯이 학습 흐름을 따라가다 보면 자연스럽게 인공지능 리터러시와 더불어 인공지능 활용 능력이 발달한다는 점이다. 이 책은 교사들에게 친숙한 수업 계획을 포함하고 있기 때문에 교사들이 교실에서 쉽게 적용할 수 있다. 수업 계획은 학생들의 학습 과정에 맞춰 구성되었다. 초등학생을 위한 인공지능 리터러시 교육에 활용될 수 있는 훌륭한 도구인 이 책을 적극 추천한다.

김갑수 _ 서울교육대학교 컴퓨터교육과 및 인공지능과학융합 교수

컴퓨터 교육 연구자이자 현장에서 아이들을 가르치는 교사로서, 이 책은 정말 반가운 발견이다. 인공지능 리터러시 교육의 중요성은 알면서도 어떻게 가르쳐야 할지 고민하던 차에 이 책을 만나 '바로 이거구나!' 싶었다. 실제로 책에 소개된 보드게임들을 아이들과 해보니 복잡한 인공지능 개념들을 즐겁게 배우는 모습에 나도 모르게 감동했다. 이 책은 '2022 개정 교육과정'에 맞춰 인공지능 소양을 키워주는 것은 물론, 기계학습부터 인공지능 윤리 문제까지 폭넓게 다루고 있어 수업 준비에도 큰 도움이 된다. 무엇보다 인공지능의 원리를 생생한 체험으로 배울 수 있어 더욱 효과적이다. 아이들을 위한 최고의 인공지능 교육 교재라고 자신 있게 추천한다.

김관중 _ 서울여자대학교 부설 화랑초등학교 교사

2016년 알파고의 충격 이후 소프트웨어(SW) 교육 관련 열기는 인공지능(AI) 교육 분야로 서서히 이전되었고, 2022년 11월 생성형 AI의 대표주자 격인 챗GPT의 출시로 2024년 현재 AI 교육 열기는 극에 달하고 있다. 지금은 다양한 영역에서 여러 종류의 생성형 AI가 활용되면서 우리의 삶에 많은 변화를 주고 있다. 생성형 AI를 이용하여 연애편지를 쓰기도 하고, 신장개업 홍보 글을 쓰기도 하며, 작성한 논문을 검증받기도 한다. 이뿐만이 아니라 AI가 학교 운동회 홍보용 포스터는 물론이고 할리우드 영화 홍보용 포스터까지 제작하는가 하면, 전문가 못지않은 작곡 실력을 발휘하고 있다. 일반인도 생성형 AI의 도움을 받아 아주 멋진 사업계획서를 작성한다면 창업 투자를 받을 수 있는 시대가 되었다. 초창기에는 AI 사용이 전문가의 전유물처럼 여겨졌으나, 현재는 일상생활을 영위하는 데 있어 삶의 질을 좌우하는 결정적인 요인으로 작용하고 있다. 이와 같은 이유로 인하여 전 세계는 AI 교육 열풍에 휩싸여 있다. 이런 상황에서 본격적인 AI 시대를 살아갈 미래 세대들에게 인공지능 리터러시를 계발시켜 줄 교육 방법에 관심이 집중되고 있다. 이러한 추세에 따라 다양한 교재들이 출간되고 있는 것도 사실이다. 그러나 우리가 간과하고 있는 것이 있다. AI 시대를 넘어 '포스트 AI 시대'가 도래하더라도 미래 세대들이 갖추어야 할 핵심은 '사고력'이고, 이것이 '인공지능 리터러시'다. 이러한 측면에 비춰봤을 때 교육 현장에서 활동하고 있는 전문가의 입장에서 이 책의 출간이 매우 기대된다.

이재호 _ 경인교육대학교 컴퓨터교육 및 인공지능융합교육 교수, (사)한국창의정보문화학회 회장

《인공지능 리터러시 보드게임북》은 게임을 통해 인공지능의 핵심 개념을 쉽고 재미있게 배우는 방법을 알려준다. 학생들의 눈높이에 맞춰 설명되어 있어 AI 교육에 큰 도움이 될 것이다. 머신러닝, 인공지능 윤리 등 핵심 주제들을 자연스럽게 체험하며 이해할 수 있어서 좋다. AI 시대를 살아가는 데 필요한 리터러시를 종합적으로 기를 수 있는 유익한 책이다.

주방현 _ (주)오늘배움 대표이사

게임으로 인공지능의 세계
탐험하며 배우기

아침 7시, 빅스비가 들려주는 라디오 시사 프로그램을 들으며 디지털 세상의 하루를 엽니다. 티맵에 오늘 가야 할 빠른 길을 묻고, 음성 안내에 따라 이동합니다. 이렇게 만난 아이들과 디지털 미디어에 관한 이야기를 나누며 저의 하루를 채워갑니다. 여러분의 하루는 어떤가요?

우리는 이처럼 물리적 세계와 디지털 세계의 경계가 모호한 세상 속에서, 가상의 존재인 인공지능 기술과 소통하며 살아갑니다. 인공지능은 이미 오래전부터 우리 생활 속에 파고들었지만, 많은 사람들이 '인공지능=로봇'이라는 생각에 인공지능은 새로운 것이며 내 삶에 들어오는 것은 아직 먼 이야기라고 생각하기도 합니다.

공대생의 가슴을 울린 시 강의로 유명한 정재찬 교수는 그의 책에서 시는 모호하며, "모호한 것은, 인간의 삶이 모호하기 때문"이고, 이러한 "모호함은 인간의 삶을 풍요롭게 하고 상상력을 자극한다"고 말합니다. 인공지능이 가득한 디지털 세상도 마찬가지인 듯합니다. 인공지능의 의미를 단순하게 컴퓨터가 인간의 일을 대신 하는 것이라고 풀이하기도 하지만, 자아와 의식을 가지고 인간이 할 수 있는 것을 넘어 인간이 할 수 없는 일까지 해내는 것으로 설명하기도 합니다. GPT가 인간과 대화하는 방식 역시 '이런 방식으로 작동할 것이다'라고 추측할 뿐 명확하게 밝히지 못했다는 점에서 인간과 인공의 경계가 모호하다고 말하기도 합니다.

이러한 인공지능을 전문가의 도움 없이 누구나 직접 활용할 수 있게 되었고, 인간만이 가능하다고 여겼던 창작의 영역까지 인공지능이 진출하기 시작했으며 그 결과물이 작품으로 인정받고 수상하는 시대를 맞이했습니다. 하지만 좋은 것만 있는 것은 아닙니다. 이로 인해 발생하는 AI의 창작자 지위 인정이나 저작권 및 이용에 따른 책임 등의 문제도 우리의 삶을 모호하게 만들고 있습니다.

2020년 교육부는 '인공지능 시대 교육정책 방향과 핵심과제'를 통해, AI의 출현을 단지 학습해야 할 신지식 정도가 아니라 시대와 상관없이 늘 인간에게 요구되는 역량을 추구하는 교육이 중요하다고 제시했습니다. 이를 위해 학생들이 인공지능에게 질문하고, 인공지능을 활용하며, 결과를 판단하는 역량을 발휘할 수 있도록 교육해야 합니다.

하지만 인공지능에 대한 다수의 교사 대상 연수나 학생 대상의 교육을 살펴보면 기술을 좇는 것에 중점을 둔 경우가 많습니다. 실제 수업에서 만나는 담당자들 중에도 저학년까지 디지털 기기를 이용하도록 요청하거나, 디지털 콘텐츠를 사용해야 디지털 교육이 진행되는 것으로 생각하는 분들도 있었습니다.

이 책에서는 '지식, 기술, 태도'의 균형 잡힌 인공지능 교육을 위해 인공지능 이해 교육, 인공지능 활용 교육, 인공지능 윤리 교육을 담았습니다.

인공지능 이해 교육으로 '인공지능 키워드 탐사 게임'과 '머신러닝 대탐험 게임'을 제작했습니다. 여기에서는 인공지능의 용어, 개념, 머신러닝의 원리와 그것이 인공지능에서 어떠한 역할을 담당하는지 이해하는 데 중점을 두었습니다.

인공지능 활용 교육은 '머신러닝 대탐험 게임'과 '인공지능 리터러시 종합 게임'에 담았습니다. 카드에 제시된 내용을 통해 인공지능의 활용(기술)과 이로 인한 영향을 다루고 있습니다.

인공지능 윤리 교육으로 'AI의 선택과 윤리 게임'과 '인공지능 리터러시 종합 게임'을 준비했습니다. 인공지능으로 인해 발생하는 윤리적 문제를 뉴스에 보도된 사례를 순화하여 담았으며, 이를 통해 학생들이 생각해 봐야 할 점(태도)을 제시했습니다.

게임을 통해 인공지능의 사회적, 기술적, 윤리적 문제에 관심을 가지고, 디지털 시민의 한 사람으로서, 그리고 창작자이자 소비자로서 스스로 탐구하고 비판적으로 이용하며 생산하는 역량을 갖추는 기회가 되기를 희망합니다.

2024년 11월
박점희

차례

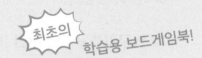

최초의 학습용 보드게임북!

학습 목표

인공지능의 개념을 이해하고, 이의

→ 학습 목표를 확인하자.

준비물(활동 자료는 68쪽 참조)

게임 설명서, 인공지능 키워드 탐

지, 평가표, 필기도구, 스마트 기기

→ 뒤쪽에 있는 활동 자료를 잘라 준비한다. 이때 카드 크기에 맞는 OPP 비접착 봉투가 있다면 금상첨화. 두고두고 쓸 수 있는 교구를 갖게 된다.

학습 도움말

1. 인공지능의 개념 이해에 대해

→ 학습 도움말을 참고하여 학습 절차에 따라 진행하자. 사전 및 사후 교육에 대한 안내도 소개하고 있으니 꼼꼼히 확인한다.

활동지

인공지능의 개념

→ 제대로 학습되고 있는지 확인이 필요하다. 그렇다면 활동지를 복사해서 나눠주자.

 평가 루브릭

가. 성취 역량 및 성취 기준

수업을 마쳤다면, 교사 관찰 내용을 평가하면 된다.

'인공지능 키워드 탐사 게임' 설명서

자세한 설명서가 제공된다. 교사가 설명하고 진행할 수도 있고, 학생 스스로 이해한 것을 바탕으로 설명한 후 게임을 진행해도 좋다. 게임을 바탕으로 이루어지는 수업은 언제나 즐겁다.

 인공지능 교육은 디지털 기기로 수업해야 한다고?

오프라인 보드게임으로 온라인 세상 속 인공지능을 경험한다.

1. '인공지능 교육'이라고 하면 코딩 교육을 가장 먼저 떠올린다. 인공지능의 원리를 이해하는 데 코딩 교육이 도움되는 것은 사실이나, 그것이 인공지능 교육의 전부는 아니다. 실제 언플러그드 활동을 보더라도 디지털의 연결 없이 문제를 인식하고 해결하기 위한 과정을 스스로 경험해 보는 것이 중요한 것과 같이, 게임을 통해 학습 부담도 줄이고 어려운 이론을 쉽게 접근할 수 있다.

2. 카드에 담긴 다양한 이야기를 통해, 온라인 세상 속의 인공지능이 오프라인 세상인 우리의 삶에 어떤 영향을 미치는지를 알게 된다.

인공지능 리터러시의 이해

AI literacy

1. 인공지능이 함께하는 세상으로 전환

"상상해 보세요. 당신이 들어오기 전에 알아서 쾌적하게 만들고, 단지 물어보기만 해도 궁금증을 해결해 주고, 어디서나 손짓 하나만으로 귀찮은 일들을 대신 해주는, 그리고 원하는 대로 다 되면 즉시 알려주는, 이것이 우리의 삶을 더 쉽고, 더 지혜롭고, 더 나은 삶으로 만드는 방법입니다."

이것은 한 가전회사의 광고(2018) 카피다. 이처럼 인공지능 AI은 사람들의 요구를 미리 파악하고, 손쉽게 생활을 개선하는 도구로 활용되고 있으며, 더 이상 미래가 아닌 현재의 일상을 혁신적으로 변화시키는 핵심 기술로 자리 잡아가고 있다. 명령어 하나로 여러 기기가 작동되는 사물인터넷 IoT 시대가 열리면서, 자동차, 가전제품 등 다양한 사물이 인터넷으로 연결되어 우리의 삶을 편리하게 해주고 있다.

이러한 AI와 IoT의 결합은 우리의 생활뿐만 아니라, 산업, 의료, 예술 등 다양한 분

1차 산업혁명	2차 산업혁명	3차 산업혁명	4차 산업혁명 (제2차 정보혁명)
18세기	19~20세기	20세기 후반	21세기 초반~
증기기관 기반의 기계화 혁명	전기에너지 기반의 대량생산 혁명	컴퓨터와 인터넷 기반의 지식정보 혁명	빅데이터, AI, IoT 등의 정보기술 기반의 초연결 혁명

야에서 큰 혁신을 불러오고 있다. 방대한 데이터를 실시간으로 분석해 인간이 풀기 어려운 문제를 해결하고, 새로운 패턴이나 현상을 발견하는 데 도움을 주고 있으며, 이는 4차 산업혁명의 핵심적인 기술 변화를 이끄는 역할을 하고 있다.

4차 산업혁명은 단순한 기술적 발전을 넘어, 사회와 인간의 삶을 근본적으로 변화시키는 것을 의미한다. 인공지능, 사물인터넷, 빅데이터, 로봇 기술 등이 물리적 세계와 디지털 세계를 융합하는 것이다.

이러한 4차 산업혁명 시대를 살아가기 위해서는 인공지능AI에 대한 이해가 필요하며, 인공지능 리터러시가 필수적이다. AI는 인간의 지능적 활동을 모방해서 문제를 해결하는 컴퓨터 시스템이나 기계를 말하며, 현대사회에서 다양한 분야에 걸쳐 큰 혁신을 이끌어오고 있다. AI는 데이터를 기반으로 스스로 학습하며, 복잡한 상황에서도 더 정교하고 복합적인 문제를 해결할 수 있는 능력을 발전시켰다. 의료, 산업, 금융 등 다양한 분야에서 활용되고 있는 AI 기술은 교육 현장에서도 그 역할이 중요해지고 있다.

인공지능 리터러시는 단순히 AI를 사용하는 능력을 넘어서, AI의 작동 원리와 가능성 및 한계를 이해하고, 이를 실생활의 문제 해결에 활용하는 능력을 의미한다. AI는 데이터를 바탕으로 학습하고, 이를 기반으로 의사결정을 내리기 때문에, AI를 효과적으로 사용하기 위해서는 그 데이터를 분석하고 비판적으로 해석하는 역량이 필요하다.

AI 리터러시 교육의 목표는 AI를 단순한 도구로만 이용하는 것이 아니라, 주어진 문제를 해결하기 위해 데이터와 절차를 기반으로 의사결정을 내리는 과정을 이해하도록 돕는 것이다. 이를 통해 학생들은 실생활에서 발생하는 다양한 문제를 해결하는 능력을 기를 수 있으며, AI가 제공하는 결과물에 대해 비판적으로 사고하고 자신만의 해결책을 찾는 능력을 갖출 수 있다.

또한 AI 리터러시는 기술적 이해 외에도 윤리적 고려가 필수적이다. AI는 인간의 데이터를 기반으로 학습하기 때문에, 잘못된 데이터를 학습하거나 편향된 결정을 내릴 가능성이 존재한다. 그러므로 AI의 한계와 윤리적 문제를 이해하고, 이를 책임감 있게 사용할 수 있는 능력을 기르는 것이 중요하다. 예를 들어 AI가 특정 집단을 차별하거나 부적절한 결정을 내릴 수 있는 상황을 인식하고, 이를 방지하기 위한 대비책을 마련해야 한다.

즉, AI 리터러시는 단순한 기술 숙련도를 넘어서 사회적 영향과 윤리적 문제를 고려하는 복합적인 역량을 함양하는 데 중점을 둔다. 이는 AI가 가져올 수 있는 사회적 변화를 예측하고, 그에 대한 대응책을 마련하는 능력을 포함한다. 또한 인공지능이 더욱 중요한 역할을 담당하게 될 미래 사회에 더 성숙한 기술 이용자로서 책임감 있게 활용할 수 있도록 하는 것이 중요한 과제이다.

3. 교육 속으로 들어온 인공지능

인공지능 기술이 빠르게 변화하면서 교육 분야에도 영향을 미쳤다. 특히 생성형 인공지능의 등장은 챗GPT 과제물과 함께 교육 현장의 딜레마가 되기도 했으나, 수업 현장에서 제대로 활용하기 위한 가이드라인이 발표되고, 〈생성형 AI 활용 길라잡이〉와 같은 다양한 학습 자료의 개발로 이어졌다.

이러한 인공지능 기술이 디지털 교과서로 이어지면서, 학습 방법과 과정에 혁신적인 변화를 가져왔다. AI는 특히 맞춤형 학습을 지원하는 도구로 주목받고 있다. 학생 개개인의 학습 데이터를 분석하고, 이를 기반으로 각기 다른 학습 경로와 자료를 제공하여 학생들의 학습 성과를 높이는 데 중요한 역할을 한다. 예를 들어 AI는 학생의 학습 패턴을 실시간으로 분석하여 적합한 학습 콘텐츠를 추천하고, 개별 학습 속도에 맞춰 학습 경로를 제시한다.

이러한 개인화된 학습은 전통적인 교육 방식에서는 구현하기 어려운 혜택을 제공한다. 교사들이 모든 학생의 학습 상황을 일일이 관리하기 어려운 현실에서, AI는 데이터를 바탕으로 학생 개개인의 필요를 파악하고, 교사가 놓치기 쉬운 부분까지 보완해 준다. 이러한 AI 기반 에듀테크의 도입이 활발히 진행되고 있으며, 2025년부터는 초·중·고등학교에 AI 교육이 본격적으로 도입될 예정이다.

AI 교육은 단순히 기술을 다루는 법을 가르치는 것이 아니기에 AI를 통해 문제 해결 능력과 비판적 사고력을 기르는 데 중점을 두어야 한다. AI가 생성한 데이터나 결과물을 무조건 수용하는 것이 아니라, 이를 분석하고 해석하는 능력을 키우는 것이 중요하다. 학생들은 AI의 순기능과 역기능을 경험하면서, AI를 어떻게 책임감 있게 사용할 수 있는지 고민해 봐야 한다.

4. 교육의 눈으로 바라본 인공지능

AI의 도입은 교육에 긍정적인 영향을 미치고 있지만, 몇 가지 문제점도 있다.

첫 번째는 기술과 학습 목표 간의 균형이다. AI는 학습 과정을 자동화하고 개인화할 수 있는 도구로 매우 유용하지만, 기술이 지나치게 강조될 경우 학습 목표가 흐려질 수 있다. 학생들이 AI에 의존하게 되어, 스스로 사고하고 문제를 해결하는 기회를 잃게 될 위험도 있다. AI는 교사를 보완하는 도구로 사용되어야 하며, 학습의 본질적 목표인 창의적 사고와 문제 해결 능력을 함양하는 데 중점을 두어야 한다.

두 번째는 윤리적 문제다. AI는 학생들의 학습 데이터를 수집하고 분석하는 과정에서 개인정보 보호 문제가 발생할 수 있다. AI가 데이터 기반으로 작동하는 만큼, 개인정보 유출 또는 오용의 위험이 따른다는 것이다. 또한 AI의 편향된 데이터 처리와 부정확한 결과는 학습 과정에서 부작용을 초래할 수 있으며, 학생들의 학습 방향을 잘못

이끌 가능성도 있다. 이러한 윤리적 문제를 해결하기 위해서는 AI 윤리 교육과 데이터 보안 관리에 대한 교육적 접근이 필수적이다.

디지털 격차 또한 중요한 문제 중 하나다. AI 기술을 활용한 교육의 확산에 따라, 고성능 디지털 기기와 인터넷 접근이 가능한 학생들과 그렇지 못한 학생들 간의 격차가 더 커질 수 있다. 이러한 디지털 격차를 해소하기 위해서는 AI 기반 교육의 인프라를 구축하고, 모든 학생들이 동등하게 AI 학습 기회에 접근할 수 있는 환경을 만들어야 한다.

5. 인공지능 리터러시를 보드게임으로 진행하는 이유

많은 사람들이 AI 교육 하면 디지털 기기인 하드웨어와 컴퓨터 프로그램인 소프트웨어를 먼저 떠올린다. 그러나 AI를 제대로 이해하기 위해서는 디지털 도구를 사용하기 전에 익혀야 할 이론적 배경과 AI의 순기능과 역기능에 대한 개념 학습이 중요하다. AI는 복잡한 개념을 포함하고 있으므로 이론을 이해하지 않고 디지털 기기부터 사용하면, AI 기술의 한계나 윤리적 문제를 충분히 인식하지 못한 채 그저 도구로만 받아들이게 된다.

이러한 이유로, 보드게임은 AI 리터러시를 가르치는 데 매우 적합한 교육 도구가 된다. 보드게임을 활용한 수업은 디지털 기기를 사용하지 않고도 AI의 복잡한 개념을 쉽게 설명할 수 있다. AI가 데이터를 처리하는 방식, 알고리즘이 문제를 해결하는 과정, 그리고 윤리적 의사결정 과정 등을 게임 속에서 시뮬레이션할 수 있다. 게임을 통해 학생들은 재미있게 학습하면서 AI의 원리를 자연스럽게 이해하게 된다.

보드게임은 특히 AI의 순기능과 역기능을 균형 있게 이해하는 데 도움을 준다. 예를 들어 게임 속에서 AI가 편향된 데이터를 사용해 잘못된 결정을 내리거나, 윤리적 문제를 일으키는 상황을 체험하면, 학생들은 AI가 가져올 수 있는 부작용에 대해서도 고민하게 된다. 이런 과정을 통해 AI를 단순한 도구로 받아들이기보다는, 비판적 사고를 통해 AI를 어떻게 책임감 있게 사용할지를 이해하게 된다.

또한 보드게임을 이용하면 디지털 기기가 없는 환경에서도 AI 교육이 가능하다. 다양한 이유로 디지털 도구 없이 AI 리터러시 교육을 하고자 할 때도 유용하다. 이는 교육의 접근성을 높이고, 디지털 격차 문제를 완화하는 데 기여할 수 있다.

결론적으로, 보드게임을 통한 AI 리터러시 교육은 이론적 배경 학습, 순기능과 역기능의 균형 있는 이해, 비판적 사고 함양, 디지털 격차 해소 등 다양한 측면에서 효과적인 교육 방법이다. 학생들은 즐겁고 몰입감 있는 학습 환경에서 AI의 복잡한 개념을 더 쉽게 이해할 수 있으며, 나아가 디지털 기기를 사용할 때도 AI를 책임감 있게 활용할 수 있는 능력을 키우게 된다.

2장

인공지능
리터러시
보드게임

AI literacy

인공지능 리터러시, 보드게임으로 즐기다

‘인공지능’ 하면 무엇이 먼저 떠오를까? 많은 사람들이 ‘로봇’, 특히 휴머노이드Humanoid를 먼저 떠올린다. 비록 인공지능이 SF영화 속과 같은 로봇은 아닐지라도, 우리의 일상 속에 깊이 들어와서 인간과 소통하고 감정을 교류하고 있다. AI 스피커, 로봇 청소기, 자율주행 시스템, 키오스크, 어르신을 위한 약 복용 도우미, 인간의 질문에 답하는 챗봇처럼 다양한 인공지능 도구들이 우리에게 안전과 편의를 제공하고 있다. 이처럼 인공지능의 다양한 활용이 두드러지면서, 많은 AI 수업들이 AI 도구를 직접 경험하는 활동에 중점을 두고 있다.

하지만 AI 수업에서 도구를 직접 다루는 것만으로는 부족하다. 인공지능에 관한 용어나 개념을 제대로 이해하지 못하면, 실습은 재미있다 하더라도 배움으로 이어지지 않는다. 그래서 중요한 개념과 용어를 보드게임 속에 담아 학생들이 재미있게 게임하면서 자연스럽게 AI를 이해할 수 있도록 구성했다.

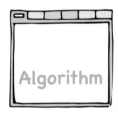

“유튜브 알고리즘, 나를 위한 것이 아니었어!”

이것은 보드게임을 통해 알고리즘의 의미를 제대로 이해한 학생의 반응이다. AI가 문제를 인식하고, 해결을 위해 데이터를 처리하는 과정에서 알고리즘이 어떻게 작용하는지를 게임 속에서 좀 더 쉽게 익힐 수 있다. 알고리즘을 이해하는 것은 AI의 핵심 개념을 이해하는 중요한 과정이다.

인공지능을 제대로 익히려면, 그에 따른 용어와 개념을 제대로 이해하는 것이 무엇보다 중요하다. 이제 본격적으로 보드게임을 통해 어렵게만 느껴졌던 인공지능의 용어와 개념을 재미있게 익혀보자!

인공지능 키워드 탐사 게임

학습 목표

인공지능의 개념을 이해하고, 이와 관련된 용어를 익히고 설명할 수 있다.

- **지식정보 처리 역량**

  인공지능의 개념을 이해하고, 약한 AI와 강한 AI를 분류할 수 있다.

- **자기관리 역량**

  게임에서 역할과 학습 목표를 달성하기 위한 노력을 스스로 관리할 수 있다.

- **협력적 소통 역량**

  게임 과정에서 자기의 생각을 친구들이 이해할 수 있도록 설명할 수 있다.

준비물(활동 자료는 68쪽 참조)

게임 설명서, 인공지능 키워드 탐사 카드 48장, 인공지능 키워드 탐사 칩 48개, 활동지, 평가표, 필기도구, 스마트 기기(태블릿 또는 스마트폰)

학습 절차

도입	○ 인공지능 수업을 시작하기 전에 설문 조사를 진행하는 것도 좋음 ○ 수업 목표 제시 : 인공지능의 개념을 이해하고, 인공지능이 삶에 미치는 영향을 설명할 수 있다. ○ '인공지능' 하면 떠오르는 것을 질문한 후, 이를 바탕으로 수업을 전개한다. ○ 수업을 위한 활동지 배부

전개 1	○ 인공지능의 개념 이해
	① '활동지-인공지능 개념'을 활용하여 인공지능의 개념을 정리한다.
	② 학생들의 발표가 끝나면 피드백한다.
	③ 영상을 통해 인공지능에 대한 개념을 익히고, '활동지-인공지능 개념'에 기록한다.
	(영상 링크: [KDI 경제정보센터]e-경제정보리뷰: 인공지능(AI) 개념편. https://youtu.be/nxS6T_h446Y?si=bUHlvQmT6NLBqSz- 2:15"까지 시청함)
	▶ 지도 Tip
	 • 학생들의 모둠 발표가 끝나면, 한 번의 검색을 통해 개념을 정리했는지, 다양한 검색을 통해 개념을 정리했는지 확인한다.
	 • 인공지능의 개념에 대한 다양한 자료를 살펴보면, 기본은 같으나 인공지능을 연구하는 분야에 따라 조금씩 다르게 설명하고 있음을 알 수 있다.
	 • 영상에 나오는 개념 정리도 다양한 개념 중 하나임을 이야기한다.
	
	○ AI의 분류
	① 약한 AI와 강한 AI를 탐색하고, '활동지-인공지능 개념'에 기록한다.
	② 모둠 안에서 토의를 통해 자료를 하나로 정리하고, 전체를 향해 발표한다.
	③ 학생들의 발표에 이어 영상을 통해 약한 AI와 강한 AI의 차이를 피드백한다.
	(영상 링크: [KDI 경제정보센터]e-경제정보리뷰: 인공지능(AI) 개념편 https://youtu.be/nxS6T_h446Y?t=135 끝까지 시청함)
	▶ 지도 Tip
	 • 지도자는 아래를 참고하여 지도할 수 있다.
	 - SAMSUNG SDS
	  https://www.samsungsds.com/kr/insights/1233631_4627.html
	 - SamStory - [인공지능의 분류] 강한 인공지능과 정밀 지능
	  https://samstory.coolschool.co.kr/zone/story/modi/streams/75955
	 - [AI 알고 보자 인공지능!] 문제 풀지만 의미 알지 못하는 약한 AI… 사람처럼 이해, 맞춤 대화하는 강한 AI/2023.02.01.어린이조선일보
	  https://kid.chosun.com/site/data/html_dir/2023/02/21/2023022102416.html

전개 1	○ 인공지능 키워드 탐사 게임 ① 인공지능 키워드 탐사 카드(48장), 인공지능 키워드 탐사 칩(48개) 준비 　- 1모둠에 1세트를 제공한다. ② 인공지능 키워드 탐사 카드 내용 확인 　- 각 모둠은 탐사 카드를 바닥에 펼치고 카드의 내용을 확인한다. 　- 1인에 8장씩 나눠서 읽고, 반복하는 방법도 있다. ③ 인공지능 키워드 탐사 게임 　- 게임 설명서를 바탕으로 게임을 진행한다. ④ 게임 후, 간단한 퀴즈를 통해 인공지능 용어를 얼마나 익혔는지 확인한다. ▶ 지도 Tip • 이 게임은 학습자가 수업을 위한 용어를 익히는 데 의의가 있다. 그러므로 수업 초반부터 이기고 지는 것에 의의를 두지 않도록 주의한다. • 이 게임 후 인공지능의 개념을 익히는 활동으로 이어지므로, 카드의 용어를 외우지 않아도 된다.
전개 2	○ 인공지능의 사용 ① 활동지 - 생활 속 인공지능 사용 사례를 바탕으로 정보를 읽고 정리한다. ② 모둠 안에서 정리한 내용과 생각을 공유한다. ▶ 지도 Tip • 모둠원 개인이 아래 2개의 뉴스를 모두 읽을 수도 있고, 모둠원이 2개의 뉴스를 나눠서 읽은 후 내용을 공유할 수도 있다. 　- AI로 건강체크·관리, 고독사 예방(헤럴드경제. 2023. 12. 14.) 　- 게임으로 아동 ADHD 진단…AI가 홈트레이닝 도와(전자신문. 2023. 11. 30.) • 인공지능 비서, 스마트홈 시스템, 자율주행 자동차, 사물인터넷(IoT) 등 다양한 형태로 가정, 산업, 온라인에서 인공지능을 만날 수 있다. • 수업의 목표는 인공지능의 개념을 이해하고 생활 속에서 약한 인공지능과 강한 인공지능을 찾아보는 것이므로, 이에 맞게 활동한다.
마무리	○ 인공지능 키워드 탐사 게임(인공지능 개념 및 용어 이해) ① 인공지능 개념 정리 ② 약한 인공지능과 강한 인공지능 개념 ③ 인공지능의 이용 ▶ 교사를 위한 마무리 정리 • 인공지능이라는 학문이 추구하는 바는 인간이 머리를 써서 해야 할 일을 기계가 하도록 만드는 것이다.(Robinson, 1979) 즉, 인공지능은 사람처럼 생각하여 문제를 해결하는 기계다.

- 미국의 AI4K12 이니셔티브(AI4K12.org)는 초중등 인공지능 교육과정을 다음의 5개 영역으로 제시하고 있다.

인식	컴퓨터는 센서를 이용하여 세상을 인식한다.
지식 표현과 추론	에이전트는 세상을 표현하고 구조화하고 추론한다.
학습	컴퓨터는 데이터로부터 학습한다.
자연적 상호작용	에이전트는 인간과 자연스러운 상호작용(언어, 시각 등)을 한다.
사회적 영향	인공지능은 사회에 긍정적 그리고 부정적인 영향을 줄 수 있다.

- 한국의 교육부가 제시한 초중등 인공지능 교육과정은 다음과 같다.

영역	세부 영역
인공지능의 이해	인공지능과 사회
	인공지능과 에이전트
인공지능 원리와 활용	데이터
	인식
	분류, 탐색, 추론
	기계학습과 딥러닝
인공지능의 사회적 영향	인공지능의 영향

학습 도움말

1. 인공지능의 개념 이해에 대해

'인공지능 키워드 탐사 게임'은 인공지능과 디지털의 개념을 이해하도록 구성되었다. 개념 이해를 게임으로 구성한 이유는, 디지털 원주민인 학생을 대상으로 하는 디지털 인공지능 교육과정에서 자칫 간과할 수 있는 부분이기 때문이다. 특히 디지털에 대해 충분히 알고 있다는 전제하에, 또는 긴 설명이 필요 없다는 가정하에 교육을 진행하지만 학생들이 제대로 이해하지 못하고 기억하지 못할 때가 있다. 따라서 인공지능 시대에 디지털과 친해지고, 인공지능 교육을 위한 발판을 마련하기 위해 게임을 준비했다. 하지만 이 게임 하나만으로 인공지능과 디지털의 개념을 모두 익힐 수는 없다.

2. 정보 제대로 읽기

디지털의 개념을 이해하도록 지도할 때 가장 흔한 방법이 디지털 도구를 활용하여 그 뜻을 찾도록 하는 것이다. 그러나 뜻을 찾았다고 해서 모두 이해했다고 할 수는 없다. '디지털 미디어'를 이해하기 위해서는, 사전적인 의미를 단순히 읽는 것이 아니라, 우리의 삶과 연계된다는 것을 이해하고, 그것이 우리 생활 속에 어떤 형태로 존재하는지를 찾아낼 수 있어야 한다. 인공지능도 마찬가지다. 인공지능에 대한 검색에서 무엇을 찾았는지가 아니라, 어디에서 어떻게 검색하고 있는지, 검색한 정보를 어떻게 이해하고 있는지 등을 살펴서 피드백한다.

이때 정보 리터러시 교육과 연결하면 좋다. 정보 리터러시는 유네스코한국위원회의 동영상(https://youtu.be/hZAQgWb2PF8?si=C6CoaMa94yAay4s8) 또는 《미디어 리터러시, 교육과 만나다》의 정보 단원을 참고한다.

1. 디지털 미디어 교육을 받아본 적 있다/없다. 있다면 어느 정도인지 선택하세요.

매우 많다(6회 이상) / 조금 많다(3~5회) / 있다(1~2회) / 없다

2. 디지털 미디어 하면 떠오르는 단어 5가지를 서술해 봅시다.

3. 인공지능 교육을 받아본 적 있다/없다. 있다면 어느 정도인지 선택하세요.

매우 많다(6회 이상) / 조금 많다(3~5회) / 있다(1~2회) / 없다

4. 인공지능 하면 떠오르는 단어 5가지를 서술해 봅시다.

1. 디지털 도구를 활용하여 인공지능의 개념을 찾고 이해한 내용을 정리해 봅시다.

출처:

출처:

2. 영상에서 말하는 인공지능의 개념을 기록해 봅시다.

3. 1과 2의 공통점과 차이점을 생각해 보고, 인공지능의 개념을 정리해 봅시다.

생활 속 인공지능의 사용 사례

생활 속 인공지능의 사례 읽기

뉴스를 읽고 우리의 생활 속에 사용되는 인공지능을 찾아 정리해 봅시다.

1. **▼전자신문**   2023년 11월 30일
   04면 (기획)

   ## 게임으로 아동 ADHD 진단…AI가 홈트레이닝 도와

2. **헤럴드경제**   2023년 12월 14일
   heraldbiz.com   18면 (기업)

   ## AI로 건강체크·관리, 고독사 예방

3. 그 외 다양한 사례를 찾아서 정리해 봅시다.

 **평가 루브릭**

가. 성취 역량 및 성취 기준

성취 역량	지식정보 처리 역량 : 게임을 통해 인공지능의 개념과 용어를 익힘.
	자기관리 역량 : 게임에서 역할과 학습 목표 달성을 위해 스스로 관리함.
	협력적 소통 역량 : 자기의 생각을 친구들이 이해할 수 있도록 설명할 수 있음.
성취 기준	인공지능의 개념과 관련된 용어를 익히면서 인공지능의 원리를 이해한다.

나. 수업에 대한 루브릭

평가 요소	채점 기준		
인공지능 개념 이해	스스로 찾은 정보를 바탕으로 인공지능의 개념을 정리하고, 친구들이 이해할 수 있도록 설명했다.	스스로 찾은 정보를 바탕으로 인공지능의 개념을 도출하고자 노력하고, 친구들이 이해할 수 있도록 설명하고자 노력했다.	인공지능의 개념을 정리하고 설명하는 데 어려움이 있다.
	7	5	2
인공지능 용어를 통한 원리 이해	용어 게임을 통해 인공지능 시스템과 기술과의 관계를 이해하고, 인공지능의 원리를 설명했다.	용어 게임을 통해 인공지능 시스템과 기술과의 관계를 이해하고자 했으며, 인공지능의 원리를 설명하고자 노력했다.	용어에 대한 이해와 원리를 설명하는 데 어려움이 있다.
	5	3	1
생활 속 인공지능 이해	생활 속에서 인공지능의 다양한 이용에 대해 정리하고, 친구들이 이해할 수 있도록 설명했다.	생활 속에서 인공지능의 이용에 대해 정리하고, 친구들이 이해할 수 있도록 설명하고자 노력했다.	생활 속에서 인공지능의 이용에 대해 찾고 설명하는 데 어려움이 있다.
	4	2	1

머신러닝 대탐험 게임

학습 목표

인공지능의 머신러닝(기계학습)에 대한 개념을 이해하고, 학습량과 데이터 품질이 사회에 미치는 영향을 말할 수 있다.

- **지식정보 처리 역량**

  머신러닝의 개념을 이해하고 머신러닝의 경향성을 말할 수 있다.

- **자기관리 역량**

  문제 해결을 위한 학습 과정을 이해하고 학습량을 관리할 수 있다.

- **협력적 소통 역량**

  게임의 목표를 달성하기 위해 협력하고 소통할 수 있다.

준비물(활동 자료는 87쪽 참조)

게임 설명서, 머신러닝 대탐험 카드 54장, 대탐험 칩 48개, 활동지, 필기도구, 스마트 기기(태블릿 또는 스마트폰)

학습 절차

도입	○ 지난 시간에 학습한 인공지능에 관해 이야기 나누기 ○ 수업 목표 제시 　: 인공지능이 우리 생활에서 사용되는 사례를 탐색하고, 인공지능의 활용에 관한 자기의 생각을 표현할 수 있다. ○ '인공지능은 어떤 능력이 있는가'를 질문한 후, '이러한 능력은 어떻게 가능한 것일까'로 연결하여 수업을 전개한다. ○ 수업을 위한 활동지 배부
전개 1	○ 인공지능의 머신러닝에 대한 설명 　▶ 지도 Tip 　• 인공지능은 머신러닝을 통해 데이터를 분류하거나 값을 예측한다. 데이터의 값을 제대로 예측하기 위해 지도학습, 비지도학습, 강화학습을 통해 머신러닝과 딥러닝을 한다.  　• 지도학습은 학습 데이터를 제공할 때 예측의 목표가 되는 라벨(Label)이 있는 것을, 비지도학습은 예측의 목표가 정확하지 않은 것을 말한다. ○ 바다를 청소하는 인공지능 게임을 통해 머신러닝 체험 　① 크롬을 이용하여 웹사이트 AI for Oceans(https://code.org)에 접속한다.  　② 머신러닝 지도학습 체험을 위한 페이지(https://studio.code.org/s/oceans/lessons/1/levels/2)로 이동한다. 　▶ 지도 Tip 　• 웹 AI for Oceans(https://code.org/)는 크롬으로 접속하면 더 원활하게 이용할 수 있다. 　• ①의 링크로 접속할 경우 　　https://code.org/ → 상위 메뉴에서 'Learn(배우다)' 클릭 → 아래 메뉴에서 '해양을 위한 인공지능' 클릭 → '지금 시도해 보세요' 클릭 → 1번 영상 시청 후 아래 오른쪽의 'Continue' 클릭 → 머신러닝 체험 활동

• 처음부터 ②로 시작하는 경우, 머신러닝 체험 활동으로 바로 접속된다.

③ 물고기와 쓰레기를 분류하는 활동을 한다.

▶ 지도 Tip

• 이 활동은 인공지능의 머신러닝 과정을 보여준다. 활동하는 방법은 2가지다.
  첫째, https://studio.code.org/s/oceans/lessons/1/levels/1부터 차례대로 진행하는 방법
  이 있다. 이 경우 영상을 통해서도 인공지능을 학습할 수 있다. 둘째, 필요한 활동만 가져와
  서 진행할 수 있다. 이 경우 영상은 제외하게 되므로, 인공지능에 대한 전체적인 개념 이해
  가 아니라 필요한 활동만 진행할 수 있다.

• 이 활동은 인공지능의 학습량에 따라 다른 결과가 나타난다는 것을 경험할 수 있다. 이 역시
  2가지 방법으로 학습할 수 있다. 첫째, 학습자에게 '일단 사용해 봐. 간단하니까 하다 보면
  알게 돼'라는 방식으로 지도할 수 있다. 이 경우 학생들이 활동한 후 질문을 통해 학습량에
  대해 피드백할 수 있다. 둘째, 학습자가 활동하기 전에 지도자가 시범을 보일 수 있다. 5문
  제 학습 후 메시지가 나오면 멈추고, 'continue'를 클릭한 후 'RUN'을 클릭하여 결과를 보여
  준다. 이를 통해 학습량에 따라 결과가 다르게 나올 수 있음을 미리 알려줄 수 있다.

• 1단계는 5문제가 끝나면 아래와 같은 메시지가 나타난다.
  "Did you know? Seventeen billion pounds of plastic enter the ocean each year.(알고
  계셨나요? 매년 170억 파운드의 플라스틱이 바다로 유입됩니다.)"

더 학습시키면 다음과 같은 메시지가 나온다.
"Did you know? 80% of ocean pollution comes from land debris and is estimated to
cost $13 billion per year.(알고 계셨나요? 해양오염의 80%는 육지 잔해에서 발생하며 연
간 130억 달러의 비용이 소요될 것으로 추정됩니다.)"
좋은 결과를 얻기 위해서는 충분히 학습할 시간을 준다.

	④ 학습의 결과를 확인한다.
전개 1	⑤ 머신러닝 비지도학습 체험을 위한 페이지(https://studio.code.org/s/oceans/lessons/1/levels/8)로 이동한다.
	⑥ 머신러닝 학습 경험을 활동지에 정리한다.
	⑦ 모둠 안에서 머신러닝 체험을 발표하고, 모둠원의 사례를 정리하여 전체를 향해 발표한다.
	▶ 지도 Tip
	• 학습자의 발표에 대해, 마무리 내용을 참고하여 피드백한다.

	○ 퀵드로우를 통한 머신러닝의 문제 탐색하기
	① 구글에서 '퀵, 드로우(QUICK, DRAW!)'를 검색하고, 교사가 사용법을 설명한 후 학습자의 활동으로 진행한다.
	② 지도자만 '시작하기'를 눌러 머신러닝을 설명한다.
	▶ 지도 Tip
	• 학습자에게 '일단 사용해 봐. 간단하니까 하다 보면 알게 돼'라는 방식으로 지도할 수도 있으나, 여기서는 사용법을 설명한 후에 학습자가 활동하도록 한다.
	• 여기에서 중요한 것은 단순히 프로그램이 나의 그림을 몇 개 맞혔는가 하는 활동이 아니다. 그러므로 6개의 그림 그리기가 끝나면, 다른 것을 터치하지 않고 기다린다. 간혹 상단의 'X'를 임의로 먼저 눌러서 이어지는 학습을 하지 못하는 경우가 발생하기도 한다. 이때 다시 처음으로 돌아가서 그림 그리기를 하는 것이 아니라, 옆의 친구 것을 함께 보면서 학습한다.
전개 2	
	가. 컴퓨터가 제시한 단어를 내가 그리고, 신경망이 맞히는 형식으로 되어 있다. 문제를 출제하는 컴퓨터와 맞히는 컴퓨터가 다르다고 생각하면 된다. 20초 이내에 6문제를 그려야 하므로, 생각한 후에 '알겠어요!'를 클릭한다.
	나. 상단의 시계가 4초가 남으면 째깍 소리가 난다. 제시어가 무엇인지 모르거나, 그림이 어렵다면 오른쪽의 ▷▷ 버튼을 클릭한다. 마지막 다섯 번째 문제는 몰라도 20초가 끝날 때까지 기다려야 한다.(일부 기기는 버튼이 보이지 않는 것도 있다.)
	다. 교사가 6문제를 빠르게 보여주고, 위와 같은 형태로 나오면 멈추고 기다리도록 지도한다.

③ 학습자가 '시작하기'를 눌러 머신러닝을 체험한다.
④ 내 그림과 퀵드로우 속 타인의 그림을 바탕으로 신경망 학습을 살펴본다.
⑤ 활동지 2를 모둠별로 나누고, 인공지능의 머신러닝에 어떤 문제가 있는지 탐색한다.

전개 2

(1모둠) '집' 그리기

나는 우리가 알 수 있는 집 기호를 그렸다. 하지만 신경망은 그림을 맞히지 못했다. 무엇 때문일까?

문제 1

발견한 공통점: 내 그림과 비교했을 때, 다른 사람들 그림의 특징을 찾아낸다.
① 지붕은 삼각형 ② 문이 있음 ③ 창문이 있음
발견한 문제점: 삼각형 지붕 또는 창문이 없는 것은 집으로 보지 않음. 아파트, 초가집 등 다양한 집의 형태가 인정되지 않음.

문제 2

퀵드로우가 잘 맞힐 수 있도록, 다른 사람들과 똑같이 집을 삼각형 지붕과 창문을 그리는 경우 획일화를 가져올 수 있음. 즉, 편향성을 부추기기도 함.

(2모둠) '관' 그리기

그려야 하는 것은 '관'이었다. 나는 '시체를 담는 관'을 그렸다. 하지만 신경망은 그림을 맞히지 못했다. 무엇 때문일까?

문제 1

발견한 공통점: ① 왕관을 그렸음 ② 대부분 뾰족한 세모가 3개임.
발견한 문제점: 관에 대한 정의가 다름. 확인 결과 제시어는 'crown', 즉 '왕관'이었으나 한글로 번역된 글은 '관'으로만 표현됨.

(3모둠) '핫도그' 그리기

그려야 하는 것은 '핫도그'였다. 나는 '나무젓가락에 꽂은 핫도그'를 그렸다. 하지만 신경망은 그림을 맞히지 못했다. 무엇 때문일까?

문제 1

발견한 공통점: ① 빵이 양쪽에 있음 ② 소시지가 가운데 보임
발견한 문제점: 문화의 다양성이 인정되지 않음. 구글의 프로그램이라는 점에서 미국인이 더 많이 이용한 것으로 보임.

문제 2

처음엔 그림을 인식하지 못했으나, 최근에는 핫도그로 인식하는 사례도 있음. 이는 한국식 핫도그 그림을 서양식 핫도그로 읽었을 수도 있고, 한국식 핫도그를 그린 사람이 많아지면서 인식의 폭이 넓어졌을 수도 있음. 여기에서 유추할 수 있는 문제점은, 많은 사람들이 의도적으로 다른 그림을 그려서 학습시킬 경우, 그 그림을 핫도그로 인식하게 될 수도 있다는 것임. 물론 퀵드로우는 관리자에 의해 관리됨.

(4모둠) '세계지도' 그리기

그려야 하는 것은 '세계지도'였다. 나는 '6대주'를 그렸다. 하지만 신경망은 그림을 맞히지 못했다. 무엇 때문일까?

 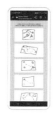 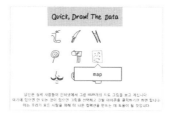

문제 1

발견한 공통점: ① 사각형 바탕 ② 길이 보임 ③ X가 있음
발견한 문제점: 제시어가 같은 그림에 대해 '세계지도'와 '지도'로 다르게 나타남. 영어 프로그램이 한국어로 변환되는 과정에서 오역 등의 오류가 발생함.

문제 2

퀵드로우가 잘 맞힐 수 있도록 다른 사람들과 같이 네모와 보물지도처럼 그리기 시작하는 경우 획일화를 가져올 수 있음.

(5모둠) '비' 그리기

그려야 하는 것은 '비'였다. 나는 '하늘에서 내리는 비'를 그렸다. 하지만 신경망은 그림을 맞히지 못했다. 무엇 때문일까?

문제 1

발견한 공통점: ① 빗자루 ② 솔이 있음 ③ 세로로 그림

발견한 문제점: 영어로 된 프로그램이 한국어로 변환되는 과정에서, 현재 많이 사용되지 않는 '비'로 표현되어 정확한 그림을 그리기 어려운 문제가 발생함. 비는 표준국어대사전에서 두 번째에 그 뜻이 설명되어 있지만, 현재는 빗자루가 더 많이 사용되기에 학생들은 '비'에 대해 인식하기 어려움.

전개 2

○ 머신러닝 대탐험 게임
  ① 머신러닝 대탐험 카드(54장) 준비
  - 1모둠에 1세트를 제공한다.
  ② 머신러닝 대탐험 카드 내용 확인
  - 각 모둠은 대탐험 카드를 바닥에 펼치고 카드의 내용을 확인한다.
  - 1인에 8장씩 나눠서 읽고, 반복하는 방법도 있다.
  ③ 머신러닝 대탐험 게임
  - 게임 설명서를 바탕으로 게임을 진행한다.
  ④ 게임 후 피드백을 진행하며 수업을 마무리한다.
  ▶ 지도 Tip
  • 이 게임 후 수업을 마무리하게 되므로, 학생들의 활동 모습을 살펴서 함께 피드백한다.

마무리

○ 머신러닝 대탐험 게임(인공지능의 머신러닝 학습)
  ① 지도학습, 비지도학습, 강화학습, 딥러닝 등의 머신러닝 개념 정리
  ② 머신러닝의 경향성에 대한 이해

학습 도움말

1. 퀵드로우 프로그램 활용에 대해

'퀵드로우'는 구글이 개발한 온라인 게임이다. 플레이어가 제시된 단어를 그림으로 그리면 인공신경망이 무엇을 그렸는지 추측하여 맞히는 프로그램으로, 인공지능의 머신러닝 기술이 학습을 통해 낙서를 인식하는 과정을 보여주는 것으로 활용된다.

인공신경망은 개떡 같은 그림을 찰떡같이 맞히기도 하지만, 찰떡같은 그림을 못 맞히기도 한다. 어떤 그림에서 왜 그러한 현상이 일어났는지, 무엇이 문제인지 사고하도록 지도하고, 머신러닝의 순기능과 역기능에 대해 예측하는 활동으로 이어지면 좋다.

2. 퀵드로우로 익히는 데이터

(1) 가운데 보이는 노란색 글자 '세계 최대의 낙서 데이터 세트'를 클릭한다.

(2) 5천만 개의 그림을 볼 수 있다. 화살표 아래에 있는 그림 가운데 탐구해야 할 모양을 찾는다.(실제 위치는 디지털 기기에 따라 다르게 보일 수 있다.)

(3) 스마트폰에서는 손을 터치하면 바로 다음으로 넘어가지만, 컴퓨터에서는 마우스를 얹으면 텍스트가 나타난다.

(4) 그림 하나를 클릭하면, ① 그림 그린 순서, ② 그림의 출처를 볼 수 있고, ③ 부적절한 것은 신고할 수 있다. 이 학습을 통해 데이터가 어떤 경향을 가졌는지에 따라, 잘못 그렸지만 맞히기도 하고, 제대로 그렸지만 틀리기도 함을 인식할 수 있도록 지도할 수 있다.

인공지능 머신러닝 입력

바다를 청소한 나

1. 바다를 청소하는 머신러닝 과정에서 생각한 것과 발견한 문제를 써봅시다.

_____

_____

_____

_____

2. 학습량은 인공지능이 바다를 청소하는 데 어떤 영향을 미쳤나요?

_____

_____

_____

3. 인공지능이 올바르고 정확한 정보를 쏟아내기 위해서는 어떤 조건이 충족되어야 할까요?

_____

_____

_____

인공지능 머신러닝 출력 1모둠

머신러닝과 나

1. 내가 그려야 하는 것은 '집'이었다. 나는 '지붕이 있는 보편적인 집'을 그렸다. 하지만 신경망은 '① 삼각형, ② 수영장, ③ 탁자, ④ 아이스박스'를 말하더니 결국 '⑤ 잘 모르겠네요'로 그림을 맞지 못했다. 무엇 때문일까?

제시어	퀵드로우
집	
문제 1	다른 사람들의 그림을 살펴보니 공통점이 보였다. 그러므로 나의 그림을 '집'으로 읽지 못했다. 여기에서 어떤 문제점을 발견했는가? 발견한 공통점 : 발견한 문제점 :
문제 2	다시 게임을 했을 때, 다른 사람들처럼 삼각형 지붕을 먼저 그리고, 사각형 속에 네모난 창문을 그리자 집이라고 인식했다. 어떤 문제점을 발견했는가?

인공지능 머신러닝 출력 2모둠

머신러닝과 나

2. 내가 그려야 하는 것은 '관'이었다. 나는 '시체를 담는 관'을 그렸다. 하지만 신경망은 '① 크레용, ② 연필, ③ 도끼, ④ 지우개'를 말하더니 결국 '⑤ 잘 모르겠네요'로 그림을 맞히지 못했다. 무엇 때문일까?

제시어	퀵드로우
관	
문제 1	다른 사람들의 그림을 살펴보니 공통점이 있었다. 그러므로 나의 그림을 '관'으로 읽지 못했다. 여기에서 어떤 문제점을 발견했는가? 발견한 공통점 : 발견한 문제점 :
문제 2	다시 게임했을 때, 다른 사람들처럼 뾰족한 세모 3개를 먼저 그리자 관이라고 인식했다. 어떤 문제점을 발견했는가?

인공지능 머신러닝 출력 3모둠

머신러닝과 나

3. 내가 그려야 하는 것은 '핫도그'였다. 나는 '나무젓가락에 꽂은 핫도그'를 그렸다. 하지만 신경망은 '① 연못, ② 감자, ③ 빵, ④ 프라이팬'을 말하더니, 결국 '⑤ 잘 모르겠네요'로 그림을 맞히지 못했다. 무엇 때문일까?

제시어	퀵드로우
핫도그	
문제 1	다른 사람들의 그림을 살펴보니 공통점이 있었다. 그러므로 나의 그림을 '핫도그'로 읽지 못했다. 여기에서 어떤 문제점을 발견했는가? 발견한 공통점 : 발견한 문제점 :
문제 2	다시 게임했을 때, 다른 사람들처럼 겉의 빵을 먼저 그리고, 안쪽에 긴 소시지 모양을 그리자 핫도그라고 인식했다. 어떤 문제점을 발견했는가?

인공지능 머신러닝 출력 4모둠

머신러닝과 나

4. 내가 그려야 하는 것은 '세계지도'였다. 나는 '6대주'를 그렸다. 하지만 신경망은 '① 이주, ② 카무플라즈'를 말하더니 결국 '③ 잘 모르겠네요'로 그림을 맞히지 못했다. 무엇 때문일까?

제시어	퀵드로우
세계지도	
문제 1	다른 사람들의 그림을 살펴보니 공통점이 있었다. 그러므로 나의 그림을 '세계지도'로 읽지 못했다. 여기에서 어떤 문제점을 발견했는가? 발견한 공통점 : 발견한 문제점 :
문제 2	다시 게임했을 때, 다른 사람들처럼 네모를 먼저 그리고, 그 속에 6대주 중 일부를 그리자 세계지도라고 인식했다. 어떤 문제점을 발견했는가?

활동지

인공지능 머신러닝 출력 5모둠

머신러닝과 나

5. 내가 그려야 하는 것은 '비'였다. 나는 '하늘에서 내리는 비'를 그렸다. 하지만 신경망은 '① 물, ② 크레용, ③ 목걸이'를 말하더니, 결국 '④ 잘 모르겠네요'로 그림을 맞히지 못했다. 무엇 때문일까?

제시어	퀵드로우
비	
문제 1	다른 사람들의 그림을 살펴보니 공통점이 있었다. 그러므로 나의 그림을 '비'로 읽지 못했다. 여기에서 어떤 문제점을 발견했는가? 발견한 공통점 : 발견한 문제점 :
문제 2	다시 게임했을 때, 다른 사람들처럼 빗자루의 아랫부분을 먼저 그리고 손잡이를 그리자 비라고 인식했다. 어떤 문제점을 발견했는가?

 평가 루브릭

가. 성취 역량 및 성취 기준

성취 역량	지식정보 처리 역량 : 머신러닝을 이해하고, 머신러닝의 경향성을 말할 수 있음.
	자기관리 역량 : 문제 해결을 위한 학습 과정을 이해하고, 학습량을 관리할 수 있음.
	협력적 소통 역량 : 게임 목표를 달성하기 위해 협력하고 소통할 수 있음.
성취 기준	인공지능의 머신러닝에 대한 개념을 이해하고, 머신러닝 데이터 카드를 통해 인공지능이 사회에 미치는 영향을 말할 수 있다.

나. 수업에 대한 루브릭

평가 요소	채점 기준		
머신러닝의 개념 이해	머신러닝의 개념을 이해하고, 데이터가 미치는 영향을 설명했다.	머신러닝의 개념을 이해하고 데이터가 미치는 영향을 설명하고자 노력했다.	머신러닝의 개념을 이해하고 데이터가 미치는 영향을 이해하는 데 어려움이 있다.
	7	5	2
데이터 이해와 활용	데이터의 학습 과정을 이해하고, 데이터의 경향성을 설명했다.	데이터의 학습 과정을 이해하고 데이터의 경향성을 설명하고자 노력했다.	데이터의 학습 과정과 데이터의 경향성을 이해하는 데 어려움이 있다.
	5	3	1
협력적 커뮤니케이션	데이터의 경향성을 이해하고, 타인이 알아들을 수 있도록 쉽게 설명했다.	데이터의 경향성을 이해하고, 타인이 알아들을 수 있도록 쉽게 설명하고자 노력했다.	데이터의 경향성을 이해하고 타인이 알아들을 수 있도록 쉽게 설명하는 데 어려움이 있다.
	4	2	1

AI의 선택과 윤리 게임

학습 목표

인공지능이 우리 생활에 미치는 영향을 이해하고, 윤리적 문제를 비판적으로 사고할
수 있다.

- **지식정보 처리 역량**

  인공지능의 윤리적 문제를 탐구하고, 비판적으로 분석할 수 있다.

- **자기관리 역량**

  인공지능이 미칠 윤리적 영향과 사회적 책임을 이해하고, 게임을 통해 윤리적 문제
  에 스스로 참여하고 자기 주도적으로 학습할 수 있다.

- **협력적 소통 역량**

  인공지능의 윤리에 대해 자기의 생각을 논리적으로 표현하고, 상대방의 의견을 경
  청하며 피드백을 주고받을 수 있다.

준비물(활동 자료는 109쪽 참조)

게임 설명서, 게임판, 상황 카드 42장(이벤트 카드 포함), 행동 카드 36장, 윤리 카드 36장, 윤리 칩 40개, 활동지, 필기도구, 스마트 기기(태블릿 또는 스마트폰)

학습 절차

도입	○ 지난 시간에 학습한 인공지능에 관해 이야기 나누기 ○ 수업 목표 제시 : 인공지능이 우리의 생활에 미치는 영향을 이해하고, 윤리적 문제를 비판적으로 사고할 수 있다. ○ 수업을 위한 활동지 배부
전개 1	○ 인공지능 윤리에 관한 생각 나누기 ① 인공지능 윤리에 대해 알고 있는 것 나누기 ▶ 지도 Tip • '인공지능 윤리'라고 하면 대체로 인간 중심의 윤리를 이야기한다. 그러나 인간을 위한 윤리, 인간이 지켜야 할 윤리, 인공지능이 선택해야 할 윤리, 그리고 인공지능을 위한 윤리 등 다양한 윤리가 있다. 여기에서는 학생들이 알고 있는 것들을 살펴보는 정도로 진행한다. ② 인공지능 윤리 원칙 살피기 (과학기술정보통신부 자료 참고 https://www.msit.go.kr/index.do 인공지능 윤리 관련 자료 참고 https://itreport.tistory.com/579) 과학기술정보통신부는 윤리 기준이 지향하는 최고 가치를 '인간성(Humanity)'으로 설정하고, '인간성을 위한 인공지능(AI for Humanity)'의 3대 원칙과 10대 요건을 제시했다. ③ 모둠별 활동지를 통해, 영화 속 인공지능 윤리를 비판적으로 읽고 의견을 나눈다. ▶ 지도 Tip • 활동지는 모둠별로 다른 것을 주거나 같은 내용으로 진행할 수 있다. • 제공된 링크는 영화를 20분 내외로 요약한 것이다. 영화 줄거리 등 활동지를 제대로 작성하기 위해서는 디지털 도구를 활용하여 정보를 찾아서 기록하도록 지도하면 좋다.

전개 2	○AI의 선택과 윤리 게임
	① 게임 카드 준비
	  - 게임판, 상황 카드(42장, 이벤트 카드 포함), 행동 카드(36장), 윤리 카드(36장), 윤리 칩
	    (40개)을 1모둠에 1세트를 제공한다.
	② 상황 카드, 행동 카드, 윤리 카드 내용 확인
	  - 각 모둠은 모든 카드를 바닥에 펼치고 카드의 내용을 확인한다.
	  - 1인에 N장씩 나눠서 읽고, 반복하는 방법도 있다.
	③ AI의 선택과 윤리 게임
	  - 게임 설명서를 바탕으로 게임을 진행한다.
	④ 게임 후 피드백을 진행하며 수업을 마무리한다.
	▶ 지도 Tip
	• 이 게임은 인공지능 윤리에 대해 마무리하는 게임이다. 그러므로 카드의 내용을 읽는 과정
	  을 생략할 수도 있다.
	• 이 게임 후 수업을 마무리하게 되므로, 학생들의 활동 모습을 살펴서 함께 피드백한다.

마무리	○학습에 대해 익힌 점과 느낀 점 등 공유
	① 인공지능 윤리의 기준
	② 인간이 지켜야 할, 인간을 위한, 인공지능이 지켜야 할, 인공지능을 위한 윤리에 대해 생각
	  하기
	③ 내가 지금 할 수 있는 윤리 실천 생각하기
	▶ 교사를 위한 마무리 정리
	• 과학기술정보통신부가 발표한 최고 가치, 3대 원칙, 10대 요건에 관해 다시 한 번 짚어보고,
	  우리가 지킬 수 있는 것에 대해 생각해 보는 것으로 마무리할 수 있다.

학습 도움말

1. 'AI의 선택과 윤리 게임'에 대해

'AI의 선택과 윤리 게임'은 인공지능이 사회에 미치는 영향을 이해하고, AI가 올바른 선택을 하기 위한 인간의 역할을 생각하도록 구성되었다. 영화를 통해 인공지능이 사회에 미치는 영향을 간접경험할 수 있는데, 수업 시간이 넉넉하지 못하다면, 〈고장 난론〉(유튜브 약대시네마 버전 https://youtu.be/FgN-aUx8ce8?si=tx8yJ5kpDsuL4X81)을 함께 시청해도 좋다. 〈고장 난 론〉은 우정 알고리즘이 입력되어야 할 비봇이 고장으로 인해 데이터가 사라지고, 주인공 바니가 우정에 관한 데이터를 입력해 가는 과정을 그리고 있다. 학습자들이 '알고리즘', '데이터' 등이 우리에게 미치는 영향과 잘못된 데이터나 알고리즘이 사회에 미치는 영향 등에 대해 이야기를 나눌 수 있다.

2. 'AI의 선택과 윤리 게임' 카드에 대해

'상황 카드'는 10대 요건인 '인권 보장, 개인정보 보호, 다양성 존중, 침해 금지, 공공성, 연대성, 데이터 관리, 책임성, 안전성, 투명성'을 주제로 작성되었다. 예를 들어 옆에 제시된 카드는 '데이터 관리'에 대해 다루고 있다. 이처럼

> **AI의 선택과 윤리 게임**
> ## 상황 카드
> AI가 뉴스 기사를 자동으로 작성하는 로봇 기자로 활동 중입니다. 그러나 AI가 작성한 기사에서 정확성이나 편향의 문제가 발생할 수 있습니다. 어떻게 해야 할까요?

게임을 하면서 윤리적 요소에 대해서도 생각해 보도록 지도하면 좋다.

'행동 카드'와 '윤리 카드'에는 순기능을 담은 카드와 역기능을 담은 카드가 있다. 순기능이 담긴 카드라면 유용하지만, 역기능이 담긴 카드라면 사용할 수 없다. 이 활동을 통해 올바르게 사용하지 못했을 때의 문제점을 생각할 수 있다.

영화로 만나는 인공지능 공통

영화로 만나는 인공지능

1. 다음의 글을 읽고, 이를 바탕으로 인공지능 윤리를 생각하며 영화를 시청해 봅시다.

토머스 모어(Thomas More)는 《유토피아》(1516)에서 인간의 존엄성과 자유를 최우선으로 추구하는 나라, 공동체의 질서와 평화를 위한 최소한의 권력과 최소한의 통제로 유지되는 사회를 보여주었다. 그는 인간의 이성과 덕성을 통해 세상을 더 발전시킬 수 있다고 말한다. 그러나 유토피아도 운영을 위해서는 누군가가 힘든 일을 해야 하기에 노예제도를 인정했다.

시대가 변하고 노예제도가 사라지면서, 인간의 힘든 노동을 대신 해주는 다른 것이 필요하게 되었고, 그것이 바로 인공지능이다.

이러한 인공지능을 개발하는 사람에게 주는 상이 있다. 바로 '뢰브너 상'이다. '튜링 테스트'와 같이 로봇이 얼마나 인간과 비슷하게 대화할 수 있는지를 평가하는 상이다. 이 상을 만든 휴 뢰브너 박사는 인공지능이 세상을 유토피아로 만들 수 있다고 보았고, 우리는 이미 소설이나 영화를 통해 엿볼 수 있었다.

그러나 우리는 기계가 완벽한 지능을 갖추게 되면서 인류를 위협하는 소설과 영화도 보았다. 그렇기에 영화를 통해 인공지능 윤리를 살펴보고자 한다.

브라이언 크리스찬은 《가장 인간적인 인간》(2012)에서 '뢰브너 상 경연대회에서 가장 인간적인 인간 상을 수상한 경험'을 들려주며, 다음 2가지를 정의한다.
- 실존 vs 본질
존재하는 것은 '실존'이며, 목적이나 목표는 '본질'로 보았다. 이에 대해 인간이 만들어 왔던 모든 것은 본질이 우선이며, 컴퓨터는 인간과 같이 실존하고 나중에 본질이 주어진 것이라고 말한다.

영화로 만나는 인공지능 1모둠

영화로 만나는 인공지능

1. 〈아이 로봇〉(2004)을 보고, 영화가 나타내고 있는 인공지능을 정리해 봅시다.(https://youtu.be/-bjtV6U5uAQ?si=XF5t-1jWFofMJJX9)

영화 줄거리	
인공지능의 능력	
인공지능이 지켜야 할 원칙	

2. 영화를 통해 발견한 인공지능 윤리를 신뢰성, 편향성, 책임성, 악용 가능성 등의 측면에서 살펴보고 정리해 봅시다.

3. 영화 속 인공지능 윤리를 현실에 반영하여 생각해 봅시다.

영화로 만나는 인공지능 2모둠

영화로 만나는 인공지능

1. 〈월E〉(2008)를 보고, 영화가 나타내고 있는 인공지능을 정리해 봅시다.
   (https://youtu.be/-bjtV6U5uAQ?si=XF5t-1jWFofMJJX9)

영화 줄거리	
인공지능의 능력	
인공지능이 지켜야 할 원칙	

2. 영화를 통해 발견한 인공지능 윤리를 신뢰성, 편향성, 책임성, 악용 가능성 등의 측면에서 살펴보고 정리해 봅시다.

3. 영화 속 인공지능 윤리를 현실에 반영하여 생각해 봅시다.

영화로 만나는 인공지능 3모둠

영화로 만나는 인공지능

1. 〈바이센티니얼 맨〉(1999)을 보고, 영화가 나타내고 있는 인공지능을 정리해 봅시다.(https://youtu.be/hdZxgObcR2s?si=CqH1CQ6Vueh0qfsn)

영화 줄거리	
인공지능의 능력	
인공지능이 지켜야 할 원칙	

2. 영화를 통해 발견한 인공지능 윤리를 신뢰성, 편향성, 책임성, 악용 가능성 등의 측면에서 살펴보고 정리해 봅시다.

---

3. 영화 속 인공지능 윤리를 현실에 반영하여 생각해 봅시다.

영화로 만나는 인공지능 4모둠

영화로 만나는 인공지능

1. 〈고장 난 론〉(2021)을 보고, 영화가 나타내고 있는 인공지능을 정리해
   봅시다.(https://youtu.be/O9wlaLQ5fH0?si=xZ73kNwsZzkO3e1J)

영화 줄거리	
인공지능의 능력	
인공지능이 지켜야 할 원칙	

2. 영화를 통해 발견한 인공지능 윤리를 신뢰성, 편향성, 책임성, 악용 가능성 등의 측면에
   서 살펴보고 정리해 봅시다.

3. 영화 속 인공지능 윤리를 현실에 반영하여 생각해 봅시다.

 평가 루브릭

가. 성취 역량 및 성취 기준

성취 역량	지식정보 처리 역량 : 영화와 게임을 통해 인공지능 윤리의 의미를 이해할 수 있음.
	자기관리 역량 : AI가 미칠 영향을 이해하고, 윤리 문제에 스스로 참여할 수 있음.
	협력적 소통 역량 : 자기의 생각을 논리적으로 표현할 수 있음.
성취 기준	인공지능 윤리에 대해 이해하고, AI의 선택이 우리 사회에 미치는 영향을 알고, 생각을 논리적으로 표현한다.

나. 수업에 대한 루브릭

평가 요소	채점 기준		
인공지능 윤리에 대한 이해	인공지능 윤리의 개념을 이해하고, 윤리의 요소를 구체적으로 설명했다.	인공지능 윤리의 개념을 이해하고, 윤리의 요소를 설명하려고 노력했다.	인공지능의 개념을 이해하고 설명하는 데 어려움이 있다.
	4	2	0
인공지능이 사회에 미치는 영향 이해	인공지능이 사회에 미칠 영향을 이해하고, 윤리적 이용에 관해 논리적으로 설명했다.	인공지능이 사회에 미칠 영향을 이해하고, 윤리적 이용에 관해 설명하고자 노력했다.	인공지능이 사회에 미칠 영향을 이해하고 설명하는 데 어려움이 있다.
	4	2	0
인공지능 이용자의 윤리	인공지능을 이용하는 인간의 윤리가 중요함을 이해하고, 근거를 바탕으로 설명했다.	인공지능을 이용하는 인간의 윤리가 중요함을 이해하고, 근거를 바탕으로 설명하고자 노력했다.	인공지능을 이용하는 인간의 윤리에 대해 설명하는 데 어려움이 있다.
	7	4	1

인공지능 리터러시 종합 게임

학습 목표

인공지능이 인간사회에 미치는 영향을 이해하고 설명할 수 있다.

- **지식정보 처리 역량**

  인공지능의 개념을 이해하고, 머신러닝에 대해 말할 수 있다.

- **자기관리 역량**

  인공지능을 책임감 있게 이용하는 방법을 안다.

- **협력적 소통 역량**

  게임에서 소통하는 방법을 알고, 생각을 표현할 수 있다.

준비물(활동 자료는 143쪽 참조)

게임 설명서, 게임판, 게임 말, 인공지능 키워드 탐사 카드 48장, 머신러닝 대탐험 카드 54장, 인공지능 리터러시 윤리 카드 24장, 데이터 창조자 카드 24장, 인공지능 칩 48개, 앞의 게임에 사용한 칩들, 활동지, 필기도구, 스마트 기기(태블릿 또는 스마트폰)

학습 절차

도입	○ 인공지능 리터러시 종합 게임 : 이 게임은 인공지능에 대한 다양한 교육 또는 앞선 게임들에 이어서 진행하는 것이 좋다. ○ 수업 목표 제시 : 인공지능이 인간사회에 미치는 영향을 이해하고 설명할 수 있다. ○ 수업을 위한 활동지 배부 ○ 게임 준비물 : 이 게임을 위한 준비물 일부는 앞의 게임에서 가져온다. 　인공지능 키워드 탐사 카드: 48장(69쪽) / 머신러닝 대탐험 카드: 54장(89쪽) 　윤리 카드: 24장(151쪽) / 데이터 창조자 카드: 24장(159쪽)
전개 1	○ 인공지능 리터러시 학습 ① 게임을 하기 전에 인공지능의 개념 등을 학습한다. ▶ 지도 Tip • 앞서 제공된 게임 등을 통해 인공지능에 대한 기본을 익힌다.
전개 2	○ 인공지능 리터러시 종합 게임 ① 게임판, 인공지능 키워드 탐사 카드(48장), 머신러닝 대탐험 카드(54장), 윤리 카드(24장), 데이터 창조자 카드(24장) 준비 　- 1모둠에 1세트를 제공한다. ② 인공지능 리터러시 종합 게임 카드 내용 확인 　- 각 모둠은 4종류의 카드를 바닥에 펼치고 카드의 내용을 확인한다. 　- 1인에 N장씩 나눠서 읽고 반복하는 방법도 있다. ③ 인공지능 리터러시 종합 게임 　- 게임 설명서를 바탕으로 게임을 진행한다. ④ 게임 후 인공지능에 대해 얼마나 익혔는지, 어떻게 생각하고 있는지 확인한다. ▶ 지도 Tip • 인공지능 키워드 탐사 카드와 머신러닝 대탐험 카드를 앞에서 학습했다면, 카드를 1세트씩 펼쳐놓고 살펴보면서 복습하면 좋다. • 윤리 카드와 데이터 창조자 카드는 새로 제공되는 카드이므로, 게임에 들어가기 전에 내용을 살펴보는 것이 좋다. • 이 게임은 앞서 진행된 인공지능 관련 게임들을 하나로 엮은 것이므로 앞의 학습 도움말을 참고하면 좋다.
마무리	○ 게임 후 인공지능에 대한 피드백 ① 인공지능의 순기능과 역기능 ② 사회에 미치는 영향 ③ 학생들의 생성형 인공지능 사용 설명서를 바탕으로 피드백 ▶ 교사를 위한 마무리 정리 • 교사가 답을 정해서 지도하기보다 학생들이 생각할 수 있는 것들을 제시하는 형태로 진행하는 것이 좋다.

활동지

인공지능 리터러시

1. '인공지능 리터러시 종합 게임'을 통해 익힌 용어를 3가지 쓰고, 내용을 정리해 봅시다.

①

②

③

2. 인공지능의 순기능과 역기능을 각각 2개 이상 작성해 봅시다.

	순기능	역기능
1		
2		

사후 설문지

1. 디지털 미디어 교육 후, 나는 어느 정도 향상되었는지 선택하세요.

매우 향상됨 / 조금 향상됨 / 잘 모르겠음 / 전혀 향상되지 않음

2. 교육 후, 디지털 미디어에 대해 기억나는 것을 5가지 설명해 봅시다.

3. 인공지능 교육 후, 나는 어느 정도 향상되었는지 선택하세요.

매우 향상됨 / 조금 향상됨 / 잘 모르겠음 / 전혀 향상되지 않음

4. 교육 후, 인공지능에 대해 기억나는 것을 5가지 설명해 봅시다.

학습 도움말

1. 인공지능 리터러시에 대해

과거에는 인공지능과 같이 고도의 기술은 전문가만이 다룰 수 있는 것이었다. 그러나 지금은 인공지능에 대한 별다른 지식이 없어도 GPT와 대화할 수 있으며, 누구나 원하는 이미지를 만드는 시대가 되었다. 문제는 이러한 기술이 순기능으로만 이용되지 않는다는 것이다. 이와 관련하여 가장 심각하게 대두되었던 문제가 딥페이크다. 학교에서부터 군대에 이르기까지, 사회 전반에서 문제가 발생하였으며, 그 파장은 매우 컸다. 이와 같은 시대에 가장 중요한 핵심은 'AI 기술을 비판적으로 이용하는 역량'이라고 할 수 있다.

2. 인공지능의 경향성에 대해

인공지능은 머신러닝을 통해 학습한 것을 우리에게 보여준다. 다시 말해 학습하지 않은 것은 제대로 알려줄 수 없다는 말이다. 또한 우리의 생활에서 부딪히는 문제 가운데, 빨강인지 파랑인지를 선택하는 것이 아니라, 붉으스름하거나 푸르딕딕한 것을 선택해야 하는 것이라면 인공지능을 통해 답을 찾는 것은 쉽지 않은 일이다. 그리고 상식이라고 하는 것일수록, 또는 인간이 기본이라고 말하는 예의일수록 인공지능을 통해서 해결하는 것은 어렵다. 그러므로 인공지능을 맹신하기보다 스스로 생각하고 판단하는 힘을 길러야 한다.

 평가 루브릭

가. 성취 역량 및 성취 기준

성취 역량	지식정보 처리 역량 : AI의 개념을 이해하고, 머신러닝에 대해 말할 수 있다.
	자기관리 역량 : 인공지능을 책임감 있게 이용하는 방법을 알고 실천할 수 있다.
	협력적 소통 역량 : 게임에서 소통하는 방법을 알고, 생각을 표현할 수 있다.
성취 기준	인공지능 리터러시를 이해하고, 게임을 통해 인공지능이 인간사회에 미치는 영향을 이해하고, 윤리적 이용이 필요함을 말할 수 있다.

나. 수업에 대한 루브릭

평가 요소	채점 기준		
인공지능 리터러시의 이해	인공지능의 용어를 바탕으로 인공지능의 개념을 이해하고, 인공지능의 역할을 구체적으로 설명했다.	인공지능의 개념을 이해하고, 인공지능의 역할을 설명하려고 노력했다.	인공지능의 개념을 이해하고 설명하는 데 어려움이 있다.
	4	2	0
인공지능이 사회에 미치는 영향 이해	인공지능이 사회에 미치는 순기능과 역기능을 이해하고, 순기능적 이용을 구체적으로 설명했다.	인공지능이 사회에 미치는 순기능과 역기능을 이해하고, 순기능적 이용을 설명하고자 노력했다.	인공지능이 사회에 미치는 영향을 이해하고 설명하는 데 어려움이 있다.
	4	2	0
책임과 윤리적 이용에 대한 이해	인공지능의 이용에 책임과 윤리가 따름을 이해하고, 근거를 들어 설명했다.	인공지능의 이용에 책임과 윤리가 따름을 이해하고, 근거를 들어 설명하고자 노력했다.	인공지능의 이용에 책임과 윤리가 따름을 이해하고 설명하는 데 어려움이 있다.
	7	4	1

활동 자료

'인공지능 키워드 탐사 게임' 설명서

게임 준비(모둠별)

1. 세팅
4명을 한 모둠으로 구성한다.

2. 시작
1) 가위바위보로 탐사대장(선플레이어)을 정하고, 진행 방향(오른쪽 또는 왼쪽)을 정한다.
2) 탐사대장은 전체(48장) 카드를 모아서 섞은 후 각각의 플레이어에게 8장씩 나눠준다.
3) 원활한 게임 활동을 위해, 모든 플레이어는 받은 카드의 내용을 확인한다. 이 과정을 4~6번 반복하여 더 많은 내용을 확인한다.
4) 내용 확인이 끝나면 모든 카드를 모아 잘 섞은 후, 내용이 보이지 않도록 가운데 더미를 만든다.
5) 플레이어 전원은 각자 8개의 칩을 받고, 남은 칩은 카드 더미 옆에 둔다.

게임 진행

3. 게임(4인 기준)
1) 탐사대장부터 카드의 글이 보이지 않도록 1장의 카드를 가져온 후, 다른 플레이어들이 들을 수 있도록 아래 흰색 면의 내용(검정색 작은 글)을 읽는다.
2) 다른 플레이어는 정답을 알면 손을 든다.
3) 플레이어 여러 명이 손을 들었다면, 카드를 읽은 플레이어가 한 사람을 지목한다.
4) 보라색 용어를 정확하게 맞혔거나(◎) 틀렸다면(✕), 카드 아래에 제시된 상과 벌을 행한다.
5) 다음 플레이어로 순서가 넘어간다.
6) 플레이할 시간을 정하거나, 카드의 소진에 따라 종료할 수 있다.

게임 결과

4. 승리 조건
1) 키워드 탐사 칩을 가장 많이 모은 사람이 승리한다.
2) 턴(회차)이 진행 중이었어도, 현재 상태에서 칩이 가장 많은 사람이 승리한다.
3) 동점자가 있다면 공동 우승으로 할 수 있다.

약한 인공지능

특정 작업에 초점을 맞춘 제한적인 인공지능 기술

◎ 키워드 탐사 칩 1개 획득
✕ 키워드 탐사 칩 1개 반납

인공신경망
(Artificial Neutral Network, ANN)

사람의 신경세포(뉴런)에서 영감을 받아 인공 신경세포인 퍼셉트론을 학습시키는 알고리즘

◎ 모든 플레이어의 칩 1개씩 받기
✕ 키워드 탐사 칩 1개 반납

강한 인공지능

인간의 모든 인지 활동을 모방할 수 있는 인공지능 기술

◎ 모든 플레이어의 칩 1개씩 받기
✕ 키워드 탐사 칩 2개 반납

딥러닝
(Deep Learning)

인공신경망을 통해 고차원의 데이터 패턴을 학습하는 기계학습의 한 분야

◎ 원하는 칩 2개 획득
✕ 키워드 탐사 칩 2개 반납

인공지능
(Artificial Intelligence, AI)

인간의 학습, 판단, 문제 해결 능력을 모방하여 만든 컴퓨터 시스템이나 소프트웨어

◎ 키워드 탐사 칩 1개 획득
✕ 키워드 탐사 칩 1개 반납

기계학습
(Machine Learning)

데이터에서 패턴을 학습하고 예측을 수행할 수 있는 알고리즘과 기술

◎ 특정 플레이어 1인의 칩 1개 받기
✕ 키워드 탐사 칩 1개 반납

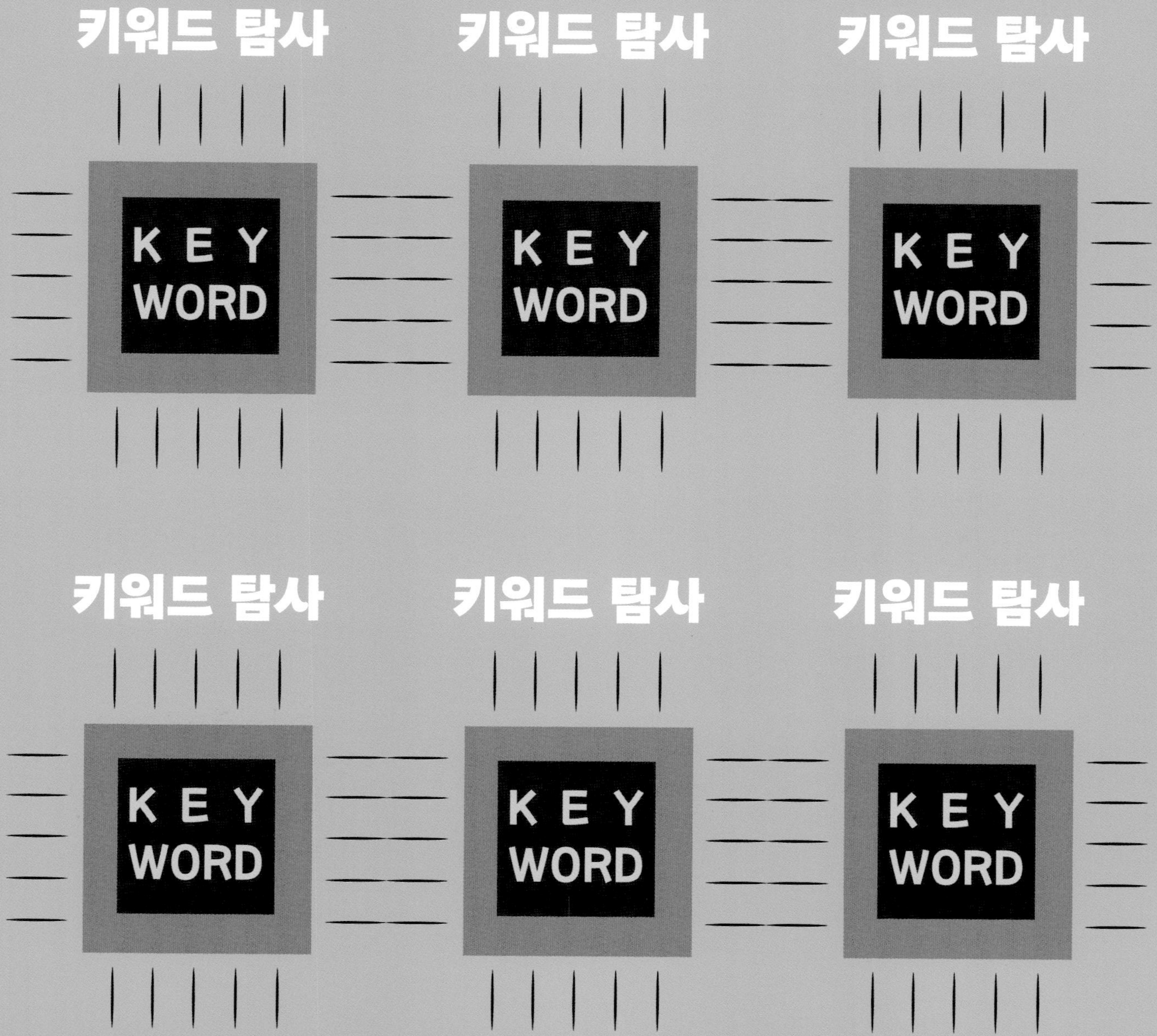
키워드 탐사
KEY
WORD
키워드 탐사
KEY
WORD
키워드 탐사
KEY
WORD
키워드 탐사
KEY
WORD
키워드 탐사
KEY
WORD
키워드 탐사
KEY
WORD

컴퓨터 비전
(Computer Vision)

컴퓨터가 시각적 데이터를 인식하고 처리하는 기술

◎ 키워드 탐사 칩 2개 획득
✕ 키워드 탐사 칩 2개 반납

파운데이션
(Foundation)

특별한 추가 학습 없이도 다양한 전문 분야에 대해 답변을 제공하는 AI 모델

◎ 키워드 탐사 칩 1개 획득
✕ 키워드 탐사 칩 1개 반납

GPT
(Generative Pre-trained Transformer)

사전 학습된 생성형 트랜스포머 모델

◎ 모든 플레이어에게 칩 1개씩 받기
✕ 키워드 탐사 칩 2개 반납

대규모 언어 모델
(Large Language Model)

대규모 데이터로 학습된 고급 자연어 처리, AI 거대언어 모델

◎ 키워드 탐사 칩 2개 획득
✕ 키워드 탐사 칩 2개 반납

알고리즘
(Algorithm)

문제를 해결하기 위한 정해진 절차나 규칙의 집합

◎ 특정 플레이어 1인의 칩 1개 받기
✕ 원하는 칩 2개 반납

자연어 처리
(Natural Language Processing, NLP)

기계가 인간의 언어를 이해하고 생성하는 기술

◎ 키워드 탐사 칩 1개 획득
✕ 키워드 탐사 칩 1개 반납

키워드 탐사

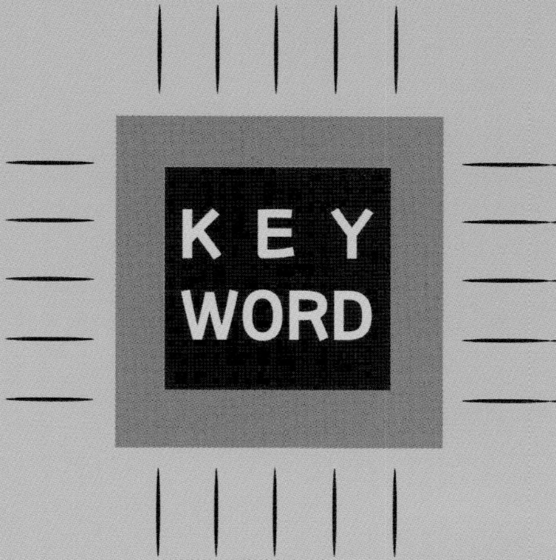

키워드 탐사

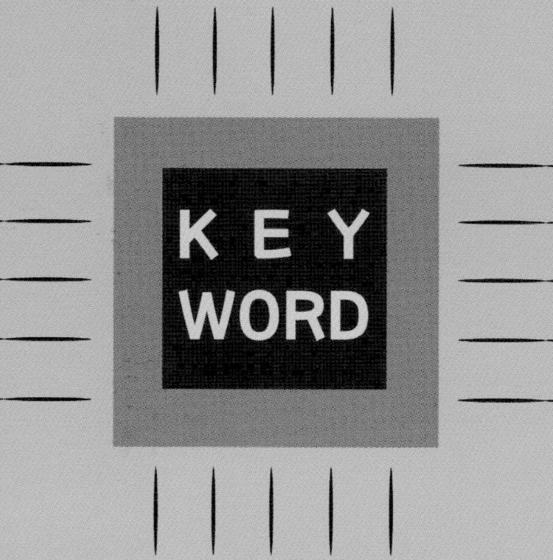

키워드 탐사

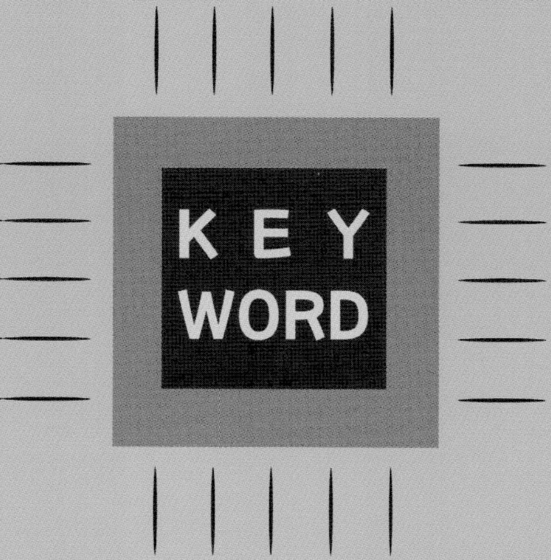

키워드 탐사

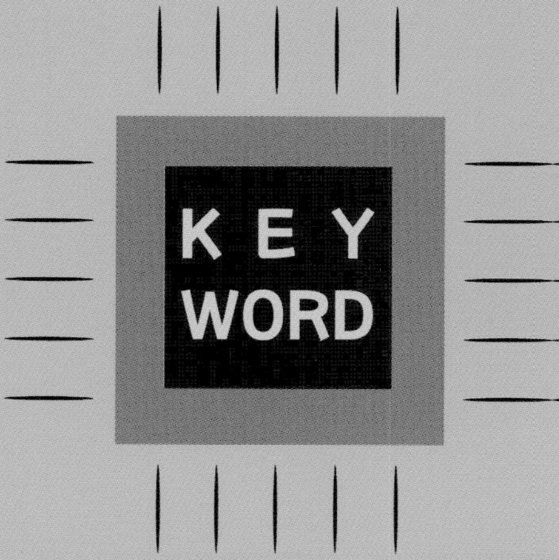

키워드 탐사

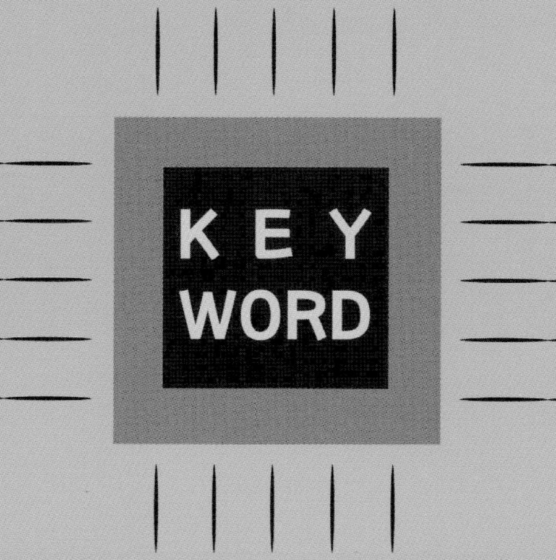

키워드 탐사

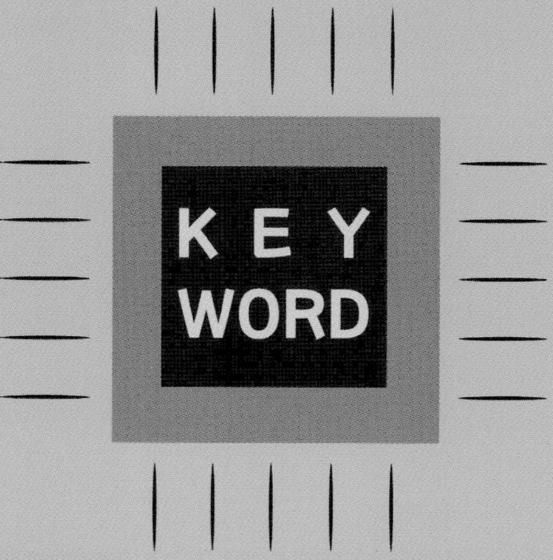

데이터 편향성
(Data Bias)

데이터 수집, 처리 과정에서 발생하는 일방적 또는 오류 있는 편향

◎ 모든 플레이어의 칩 1개씩 받기
✕ 칩의 종류별로 1개씩 반납

추상화
(Abstraction)

복잡한 정보, 문제에서 핵심적인 부분만 간추려 이해하는 과정

◎ 키워드 탐사 칩 1개 획득
✕ 키워드 탐사 칩 1개 반납

데이터 전처리
(Data Preprocessing)

데이터 분석이나 모델링에 앞서 데이터를 정제하고 준비하는 과정

◎ 키워드 탐사 칩 1개 획득
✕ 키워드 탐사 칩 1개 반납

데이터 시각화
(Data Visualization)

데이터 분석 결과를 한눈에 이해할 수 있도록 표나 차트 등 시각적으로 표현한 것

◎ 키워드 탐사 칩 1개 획득
✕ 키워드 탐사 칩 1개 반납

데이터
(Data)

정보의 원시 형태로, 처리, 분석, 저장이 가능한 숫자, 문자 또는 이미지 등

◎ 원하는 칩 1개 획득
✕ 키워드 탐사 칩 1개 반납

명령어
(Command)

컴퓨터나 다른 디지털 장치에 특정 작업을 수행하도록 지시하는 지시어

◎ 특정 플레이어 1인의 칩 1개 받기
✕ 키워드 탐사 칩 2개 반납

KEY
WORD

키워드 탐사

KEY
WORD

키워드 탐사

KEY
WORD

키워드 탐사

KEY
WORD

키워드 탐사

KEY
WORD

키워드 탐사

KEY
WORD

키워드 탐사

빅데이터 분석
(Big Data Analysis)

대량의 데이터를 처리하여 패턴, 추세, 상관관계를 발견하는 기술

◎ 키워드 탐사 칩 1개 획득
✕ 키워드 탐사 칩 1개 반납

추천 시스템
(Recommendation System)

사용자의 취향과 행동을 분석해 개인화된 콘텐츠나 제품을 추천하는 기술

◎ 키워드 탐사 칩 1개 획득
✕ 키워드 탐사 칩 1개 반납

순차적 사고
(Sequential Thinking)

문제를 해결하기 위해 정보나 명령어를 특정 순서대로 처리하는 논리적 사고방식

◎ 특정 플레이어에게 1인의 칩 1개 받기
✕ 키워드 탐사 칩 2개 반납

튜토리얼
(Tutorial)

소프트웨어나 하드웨어 활용에 필요한 사용 지침 등의 정보를 알려주는 시스템

◎ 특정 플레이어에게 1인의 칩 1개 받기
✕ 키워드 탐사 칩 1개 반납

절차적 사고
(Procedural Thinking)

문제를 해결하기 위해 정보나 명령어를 여러 단계로 나누어 해결하는 사고방식

◎ 모든 플레이어의 칩 1개씩 받기
✕ 키워드 탐사 칩 2개 반납

데이터 마이닝
(Data Mining)

대규모 데이터세트에서 유용한 정보를 추출하는 프로세스

◎ 키워드 탐사 칩 1개 획득
✕ 키워드 탐사 칩 1개 반납

디지털

(Digital)

데이터를 0과 1로
표현하여 처리하는 기술

◎ 키워드 탐사 칩 1개 획득
✗ 키워드 탐사 칩 1개 반납

아날로그

(Analog)

연속적인 신호로 정보를
표현하고 처리하는 기술

◎ 키워드 탐사 칩 1개 획득
✗ 키워드 탐사 칩 1개 반납

비지도학습

(Unsupervised Learning Basics)

정답이 없는 데이터
속에서 스스로 규칙을
찾도록 학습시키는 방법

◎ 키워드 탐사 칩 1개 획득
✗ 키워드 탐사 칩 1개 반납

클라우드 컴퓨팅

(Cloud Computing)

인터넷을 통해 서버,
스토리지, 데이터베이스
등을 제공하는 기술

◎ 키워드 탐사 칩 1개 획득
✗ 키워드 탐사 칩 1개 반납

지도학습

(Supervised Learning)

신경망 학습을 위해 입력
데이터를 주고, 데이터의
결과까지 같이 제공하여
학습시키는 방법

◎ 특정 플레이어 1인에 칩
1개 받기
✗ 키워드 탐사 칩 2개 반납

강화학습

(Reinforcement Learning)

컴퓨터가 주어진 상태에
대해 최적의 행동을
찾는 시행착오를 통해
똑똑해지는 방법

◎ 원하는 칩 1개 획득
✗ 키워드 탐사 칩 1개 반납

키워드 탐사

KEY WORD

키워드 탐사

KEY WORD

키워드 탐사

KEY WORD

키워드 탐사

KEY WORD

키워드 탐사

KEY WORD

키워드 탐사

KEY WORD

IoT
(Internet of Things)

일상의 물건들이
인터넷을 통해 데이터를
교환하는 기술

◎ 키워드 탐사 칩 1개 획득
✕ 키워드 탐사 칩 1개 반납

GPU
(Graphics Processing Unit)

그래픽과 복잡한 계산을
위해 최적화된 고성능
비디오 처리 장치

◎ 키워드 탐사 칩 1개 획득
✕ 키워드 탐사 칩 1개 반납

증강현실
(Augmented Reality, AR)

현실 세계에 가상의
요소를 결합하여
보여주는 기술

◎ 키워드 탐사 칩 1개 획득
✕ 키워드 탐사 칩 1개 반납

CPU
(Central Processing Unit)

모든 유형의 프로그램을
실행하는, 컴퓨터의
중앙처리 장치

◎ 키워드 탐사 칩 1개 획득
✕ 키워드 탐사 칩 1개 반납

가상현실
(Virtual Reality, VR)

컴퓨터 기술을 사용하여
생성된 실감 나는
3D 환경

◎ 키워드 탐사 칩 1개 획득
✕ 키워드 탐사 칩 1개 반납

로봇 기술
(Robotics)

다양한 환경에서 작업을
수행하는 자동화된 기계

◎ 키워드 탐사 칩 1개 획득
✕ 키워드 탐사 칩 1개 반납

KEY WORD

키워드 탐사

사이버 보안
(Cyber Security)

디지털 정보 보호를 위한 기술 및 정책

◎ 모든 플레이어의 칩 1개씩 받기
✕ 키워드 탐사 칩 2개 반납

디지털 분할
(Digital Divide)

현실 세계에 가상의 요소를 결합하여 보여주는 기술

◎ 키워드 탐사 칩 1개 획득
✕ 키워드 탐사 칩 1개 반납

지적재산
(Intellectual Property)

창작물에 대한 소유 및 사용 권한을 제공하는 법적 권리

◎ 특정 플레이어 1인의 칩 1개 받기
✕ 키워드 탐사 칩 2개 반납

개인정보 보호
(Privacy Protection)

개인이나 직장 정보를 다른 사람에게 선택적으로 공개할 수 있는 권리

◎ 모든 플레이어의 칩 1개씩 받기
✕ 키워드 탐사 칩 1개 반납

잊힐 권리
(Right to be Forgotten)

개인이 자신의 데이터를 삭제할 수 있는 법적 권리

◎ 특정 플레이어 1인의 칩 1개 받기
✕ 키워드 탐사 칩 2개 반납

정보 윤리
(Information Ethics)

정보의 이용, 창작, 공유 등에서 사회와 인간의 행위를 다루는 도덕적 기준

◎ 특정 플레이어 1인의 칩 1개 받기
✕ 키워드 탐사 칩 1개 반납

KEY WORD

키워드 탐사

KEY WORD

키워드 탐사

KEY WORD

키워드 탐사

KEY WORD

키워드 탐사

KEY WORD

키워드 탐사

KEY WORD

키워드 탐사

디지털 발자국
(Digital Footprint)

개인이 온라인
활동을 통해 남기는
데이터의 흔적

◎ 키워드 탐사 칩 1개 획득
✕ 키워드 탐사 칩 1개 반납

디지털 폭력
(Digital Violence)

인터넷을 통한 괴롭힘 및
디지털 통신을 이용한
폭력

◎ 모든 플레이어의 칩 1개씩 받기
✕ 키워드 탐사 칩 2개 반납

온라인 동의
(Online Consent)

온라인 서비스 이용 시
사용자의 명시적 동의
필요성

◎ 키워드 탐사 칩 1개 획득
✕ 키워드 탐사 칩 1개 반납

디지털 소외
(Digital Exclusion)

디지털 기술에 대한
접근성 부족으로 인한
사회적 격차

◎ 키워드 탐사 칩 1개 획득
✕ 키워드 탐사 칩 1개 반납

디지털 권리
(Digital Rights)

온라인 환경에서
보장되어야 하는
기본 인권

◎ 키워드 탐사 칩 1개 획득
✕ 키워드 탐사 칩 1개 반납

디지털 윤리
(Digital Ethics)

온라인 활동과 데이터
사용에 적용되는
도덕적 원칙

◎ 키워드 탐사 칩 1개 획득
✕ 키워드 탐사 칩 1개 반납

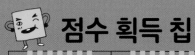 점수 획득 칩

인공지능
키워드 탐사
칩

인공지능
키워드 탐사
칩

인공지능
키워드 탐사
칩

인공지능
키워드 탐사
칩

인공지능
키워드 탐사
칩

인공지능
키워드 탐사
칩

인공지능
키워드 탐사
칩

인공지능
키워드 탐사
칩

인공지능
키워드 탐사
칩

인공지능
키워드 탐사
칩

인공지능
키워드 탐사
칩

인공지능
키워드 탐사
칩

인공지능
키워드 탐사
칩

인공지능
키워드 탐사
칩

인공지능
키워드 탐사
칩

인공지능
키워드 탐사
칩

인공지능
키워드 탐사
칩

인공지능
키워드 탐사
칩

인공지능
키워드 탐사
칩

인공지능
키워드 탐사
칩

인공지능
키워드 탐사
칩

인공지능
키워드 탐사
칩

인공지능
키워드 탐사
칩

인공지능
키워드 탐사
칩

인공지능
키워드 탐사
칩

인공지능
키워드 탐사
칩

인공지능
키워드 탐사
칩

인공지능
키워드 탐사
칩

인공지능
키워드 탐사
칩

인공지능
키워드 탐사
칩

인공지능
키워드 탐사
칩

인공지능
키워드 탐사
칩

인공지능
키워드 탐사
칩

인공지능
키워드 탐사
칩

인공지능
키워드 탐사
칩

인공지능
키워드 탐사
칩

인공지능
키워드 탐사
칩

인공지능
키워드 탐사
칩

인공지능
키워드 탐사
칩

인공지능
키워드 탐사
칩

인공지능
키워드 탐사
칩

인공지능
키워드 탐사
칩

인공지능
키워드 탐사
칩

인공지능
키워드 탐사
칩

인공지능
키워드 탐사
칩

인공지능
키워드 탐사
칩

인공지능
키워드 탐사
칩

인공지능
키워드 탐사
칩

'머신러닝 대탐험 게임' 설명서

게임 준비(모둠별)

1. 세팅
4명을 한 모둠으로 구성한다.

2. 시작
1) 가위바위보로 탐험대장(선플레이어)을 정하고, 진행 방향(오른쪽 또는 왼쪽)을 정한다.
2) 탐험대장은 전체 카드(54장)를 모아서 잘 섞은 후 각각의 플레이어에게 8장씩 나눠준다.
3) 원활한 게임 활동을 위해, 모든 플레이어는 자기가 받은 카드의 내용을 확인한다. 이 과정을 4~6번 반복하여 더 많은 내용을 확인한다.
4) 내용 확인이 끝나면, 모든 카드를 모아 잘 섞은 후, 내용이 보이지 않도록 가운데 더미를 만든다.
5) 플레이어 전원은 각자 8개의 칩을 받고, 남은 칩은 카드 더미 옆에 둔다.

게임 진행

3. 게임(4인 기준)
1) 탐험대장부터 카드의 글이 보이지 않도록 1장의 카드를 가져온 후 다른 플레이어들이 들을 수 있도록 아래 흰색 면의 내용을 읽는다.
2) 카드의 내용에 따라 칩을 주고받는다. 이때 카드의 글을 읽는 목소리가 작았다면, 대탐험 칩을 반납할 경우는 그대로 진행하고, 획득할 경우는 칩을 받을 수 없다.
3) 다음 플레이어로 순서가 넘어간다.
4) 플레이할 시간을 정하거나, 카드의 소진에 따라 종료할 수 있다.

게임 결과

4. 승리 조건
1) 대탐험 칩을 가장 많이 모은 사람이 승리한다.
2) 턴(회차)이 진행 중이었어도, 현재 상태에서 칩이 가장 많은 사람이 승리한다.
3) 동점자가 있다면 공동 우승으로 할 수 있다.

머신러닝

컴퓨터 시스템이 데이터를 분석/학습해 패턴을 발견하거나 예측을 수행하는 기술

- 자동화된 데이터 분석으로 사건과 비용을 절감함
- 대단함 칩 1개 획득

머신러닝

컴퓨터 시스템이 데이터를 분석/학습해 패턴을 발견하거나 예측을 수행하는 기술

- 모델 학습에 많은 지원이 필요하고 높은 비용을 수반함
- 대단함 칩 1개 반납

머신러닝

컴퓨터 시스템이 데이터를 분석/학습해 패턴을 발견하거나 예측을 수행하는 기술

- 데이터 편향이 있을 경우 잘못된 예측을 하게 됨
- 대단함 칩 1개 반납

머신러닝

컴퓨터 시스템이 데이터를 분석/학습해 패턴을 발견하거나 예측을 수행하는 기술

- 패턴 인식과 예측을 통해 일에 대한 통찰력을 제공함
- 대단함 칩 1개 획득

머신러닝

컴퓨터 시스템이 데이터를 분석/학습해 패턴을 발견하거나 예측을 수행하는 기술

- 대량의 데이터를 통해 예측 정확도가 높아짐
- 대단함 칩 1개 획득

머신러닝

컴퓨터 시스템이 데이터를 분석/학습해 패턴을 발견하거나 예측을 수행하는 기술

- 충분한 데이터가 없으면 모델의 성능이 저하됨
- 대단함 칩 1개 반납

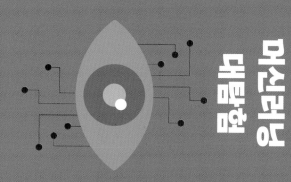
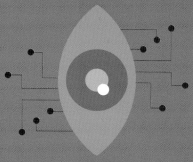
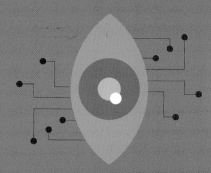
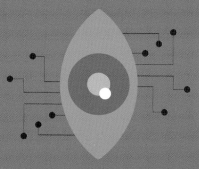
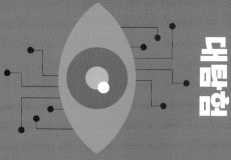

빅데이터

컴퓨터 및 처리 기술의 발달로 만들어진 디지털 환경에서 생성되는 대용량 데이터

- 실시간 데이터 처리로 빠른 의사결정을 지원함
- 대탐험 칩 1개 획득

빅데이터

컴퓨터 및 처리 기술의 발달로 만들어진 디지털 환경에서 생성되는 대용량 데이터

- 데이터를 선별하지 않아, 데이터 품질이 떨어짐
- 대탐험 칩 1개 반납

빅데이터

컴퓨터 및 처리 기술의 발달로 만들어진 디지털 환경에서 생성되는 대용량 데이터

- 데이터의 양이 너무 많아 분석하기 어려움
- 대탐험 칩 1개 반납

빅데이터

컴퓨터 및 처리 기술의 발달로 만들어진 디지털 환경에서 생성되는 대용량 데이터

- 다양한 데이터(텍스트, 이미지 등)를 받아들이고 처리함
- 대탐험 칩 1개 획득

빅데이터

컴퓨터 및 처리 기술의 발달로 만들어진 디지털 환경에서 생성되는 대용량 데이터

- 다양한 데이터 소스 결합해 더 깊은 결과를 얻음
- 대탐험 칩 1개 획득

빅데이터

컴퓨터 및 처리 기술의 발달로 만들어진 디지털 환경에서 생성되는 대용량 데이터

- 데이터 보안 및 개인정보 보호 문제가 발생함
- 대탐험 칩 1개 반납

머신러닝 대탐험

머신러닝 대탐험

머신러닝 대탐험

머신러닝 대탐험

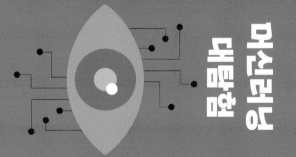

머신러닝 대탐험

머신러닝 대탐험

올 데이터

빠르게 변화하는 데이터 환경에서 실시간 생성되는 데이터의 전체

- 빠르게 변화하는 데이터 환경에 적응함
- 대탐험 칩 1개 획득

올 데이터

빠르게 변화하는 데이터 환경에서 실시간 생성되는 데이터의 전체

- 실시간 분석을 위해 높은 기술적 요구가 필요함
- 대탐험 칩 1개 반납

올 데이터

빠르게 변화하는 데이터 환경에서 실시간 생성되는 데이터의 전체

- 실시간 데이터가 정확하지 않거나 불안전함
- 대탐험 칩 1개 반납

올 데이터

빠르게 변화하는 데이터 환경에서 실시간 생성되는 데이터의 전체

- 실시간 데이터 분석으로 경쟁 우위를 확보함
- 대탐험 칩 1개 획득

올 데이터

빠르게 변화하는 데이터 환경에서 실시간 생성되는 데이터의 전체

- 실시간 수집과 분석으로 신속한 의사결정을 지원함
- 대탐험 칩 1개 획득

올 데이터

빠르게 변화하는 데이터 환경에서 실시간 생성되는 데이터의 전체

- 과도한 데이터는 관리와 분석이 어려움
- 대탐험 칩 1개 반납

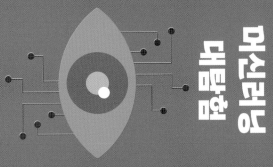

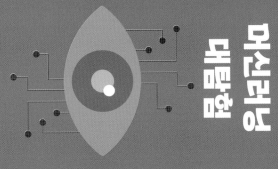

스몰 데이터

빅데이터가 포착하지 못하는 세세한 부분, 개인화된 작은 정보

- 특정 집단의 특성/요구를 정확하게 분석함
- 대답함 칩 1개 획득

스몰 데이터

빅데이터가 포착하지 못하는 세세한 부분, 개인화된 작은 정보

- 개인정보 보호와 윤리적 이슈 발생함
- 대답함 칩 1개 반납

스몰 데이터

빅데이터가 포착하지 못하는 세세한 부분, 개인화된 작은 정보

- 데이터 부족으로 일반적 결론 도출 어려움
- 대답함 칩 1개 반납

스몰 데이터

빅데이터가 포착하지 못하는 세세한 부분, 개인화된 작은 정보

- 적정한 비용으로 데이터 수집/분석함
- 대답함 칩 1개 획득

스몰 데이터

빅데이터가 포착하지 못하는 세세한 부분, 개인화된 작은 정보

- 개인화된 정보로 맞춤형 서비스 제공함
- 대답함 칩 1개 획득

스몰 데이터

빅데이터가 포착하지 못하는 세세한 부분, 개인화된 작은 정보

- 데이터가 제한적이어서 분석 결과 예측 우려됨
- 대답함 칩 1개 반납

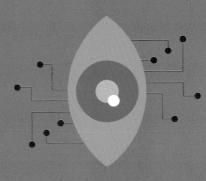

머신러닝
대탐험

머신러닝
대탐험

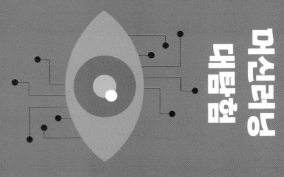

머신러닝
대탐험

머신러닝
대탐험

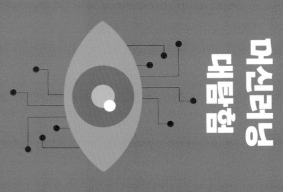

머신러닝
대탐험

머신러닝
대탐험

데이터 마이닝

대규모 데이터에서
숨겨진 패턴과 유의미한
정보를 추출하는 과정

- 일에 대한 예측과 의사결정을 지원함
- 대탐험 침 1개 획득

데이터 마이닝

대규모 데이터에서
숨겨진 패턴과 유의미한
정보를 추출하는 과정

- 개인정보 보호 문제와 윤리적 문제 초래함
- 대탐험 침 1개 반납

데이터 마이닝

대규모 데이터에서
숨겨진 패턴과 유의미한
정보를 추출하는 과정

- 잘못된 데이터 사용으로 오류 발생함
- 대탐험 침 1개 반납

데이터 마이닝

대규모 데이터에서
숨겨진 패턴과 유의미한
정보를 추출하는 과정

- 숨겨진 관계를 발견하여 새로운 일의 기회 창출
- 대탐험 침 1개 획득

데이터 마이닝

대규모 데이터에서
숨겨진 패턴과 유의미한
정보를 추출하는 과정

- 대량의 데이터에서 유의미한 패턴을 추출함
- 대탐험 침 1개 획득

데이터 마이닝

대규모 데이터에서
숨겨진 패턴과 유의미한
정보를 추출하는 과정

- 과정이 복잡하고 시간이 많이 소요됨
- 대탐험 침 1개 반납

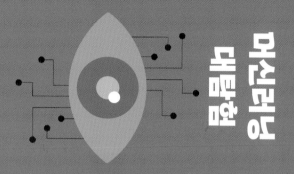

머신러닝 데탑힙

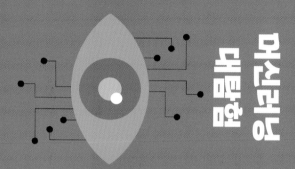

머신러닝 데탑힙

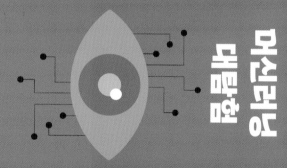

머신러닝 데탑힙

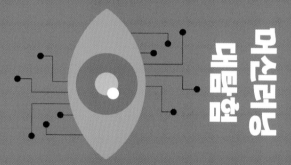

머신러닝 데탑힙

머신러닝 데탑힙

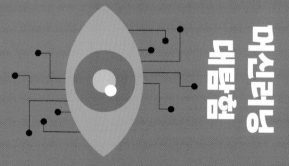

머신러닝 데탑힙

클라우드 컴퓨팅

인터넷을 통해 데이터의 처리, 저장, 관리 서비스를 제공하는 기술

- 원격으로 데이터를 관리하고 접근할 수 있어 편리함
- 대표함 칩 1개 획득

클라우드 컴퓨팅

인터넷을 통해 데이터의 처리, 저장, 관리 서비스를 제공하는 기술

- 클라우드 제공자 의존성 커져 서비스 중단 시 피해가 큼
- 대표함 칩 1개 반납

클라우드 컴퓨팅

인터넷을 통해 데이터의 처리, 저장, 관리 서비스를 제공하는 기술

- 데이터 보안과 개인정보 보호에 취약함
- 대표함 칩 1개 반납

클라우드 컴퓨팅

인터넷을 통해 데이터의 처리, 저장, 관리 서비스를 제공하는 기술

- 다양한 클라우드 서비스로 IT 인프라 관리에 도움됨
- 대표함 칩 1개 획득

클라우드 컴퓨팅

인터넷을 통해 데이터의 처리, 저장, 관리 서비스를 제공하는 기술

- 유연하고 확장 가능한 컴퓨팅 자원 제공으로 비용 절감함
- 대표함 칩 1개 획득

클라우드 컴퓨팅

인터넷을 통해 데이터의 처리, 저장, 관리 서비스를 제공하는 기술

- 네트워크 연결이 끊기면 서비스에 접근 불가능
- 대표함 칩 1개 반납

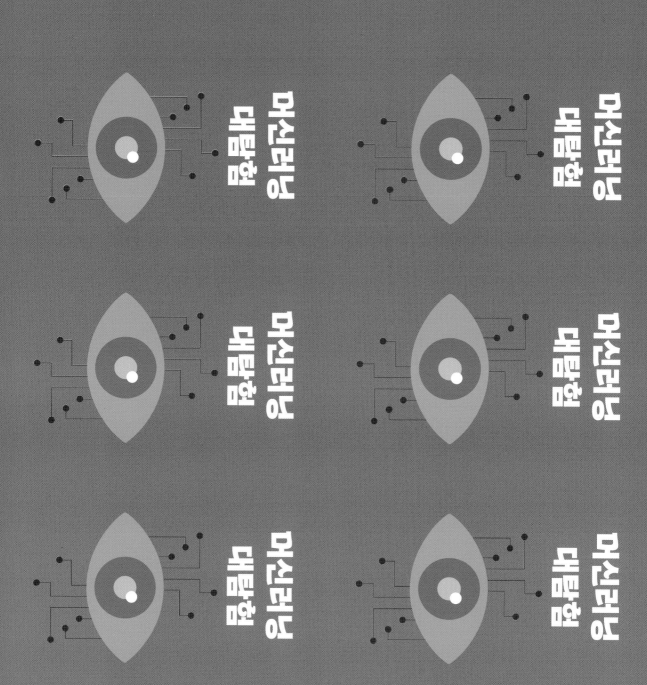

데이터 시각화

데이터를 그래프, 차트 등
시각적 형태로 표현하여
이해를 돕는 과정

▤ 의사결정 과정을 지원해
　문제 해결에 도움됨
▤ 대립험 칩 1개 획득

데이터 시각화

데이터를 그래프, 차트 등
시각적 형태로 표현하여
이해를 돕는 과정

▤ 지나치게 복잡한 시각화로
　데이터 이해에 혼란을 줌
▤ 대립험 칩 1개 반납

데이터 시각화

데이터를 그래프, 차트 등
시각적 형태로 표현하여
이해를 돕는 과정

▤ 부정확한 시각화는 데이터를
　왜곡하게 됨
▤ 대립험 칩 1개 반납

데이터 시각화

데이터를 그래프, 차트 등
시각적 형태로 표현하여
이해를 돕는 과정

▤ 대화형 시각화로 실시간
　데이터 분석이 가능함
▤ 대립험 칩 1개 획득

데이터 시각화

데이터를 그래프, 차트 등
시각적 형태로 표현하여
이해를 돕는 과정

▤ 복잡한 데이터를 쉽게 이해할
　수 있도록 도움
▤ 대립험 칩 1개 획득

데이터 시각화

데이터를 그래프, 차트 등
시각적 형태로 표현하여
이해를 돕는 과정

▤ 시각화 도구 사용이 어려움으로
　잘못된 차트/그래프 생성함
▤ 대립험 칩 1개 반납

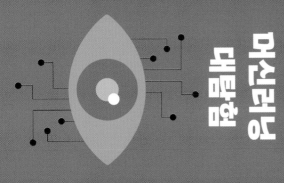

머신러닝 내보험

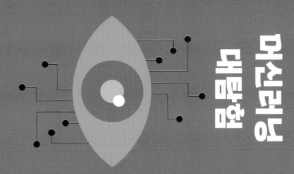

머신러닝 내보험

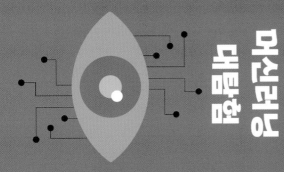

머신러닝 내보험

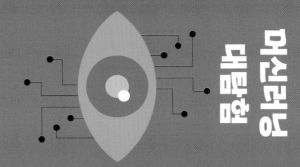

머신러닝 내보험

머신러닝 내보험

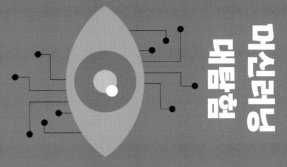

머신러닝 내보험

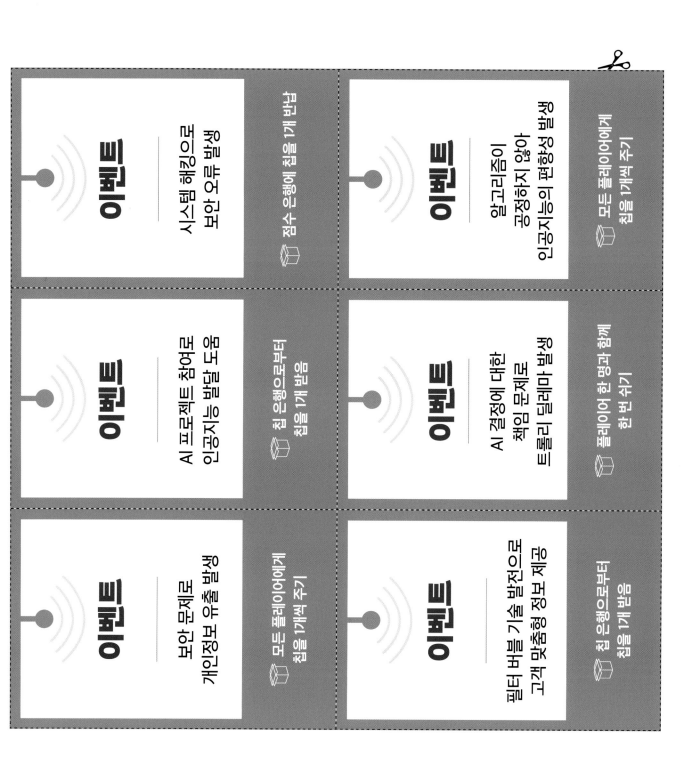

이벤트

시스템 해킹으로
보안 오류 발생

점수 은행에 칩을 1개 반납

이벤트

알고리즘이
공정하지 않아
인공지능의 편향성 발생

모든 플레이어에게
칩을 1개씩 주기

이벤트

AI 프로젝트 참여로
인공지능 발달 도움

칩 은행으로부터
칩을 1개 받음

이벤트

AI 결정에 대한
책임 문제로
트롤리 딜레마 발생

플레이어 한 명과 함께
한 번 쉬기

이벤트

보안 문제로
개인정보 유출 발생

모든 플레이어에게
칩을 1개씩 주기

이벤트

필터 버블 기술 발전으로
고객 맞춤형 정보 제공

칩 은행으로부터
칩을 1개 받음

머신러닝
배틀캠

머신러닝
배틀캠

머신러닝
배틀캠

머신러닝
배틀캠

머신러닝
배틀캠

머신러닝
배틀캠

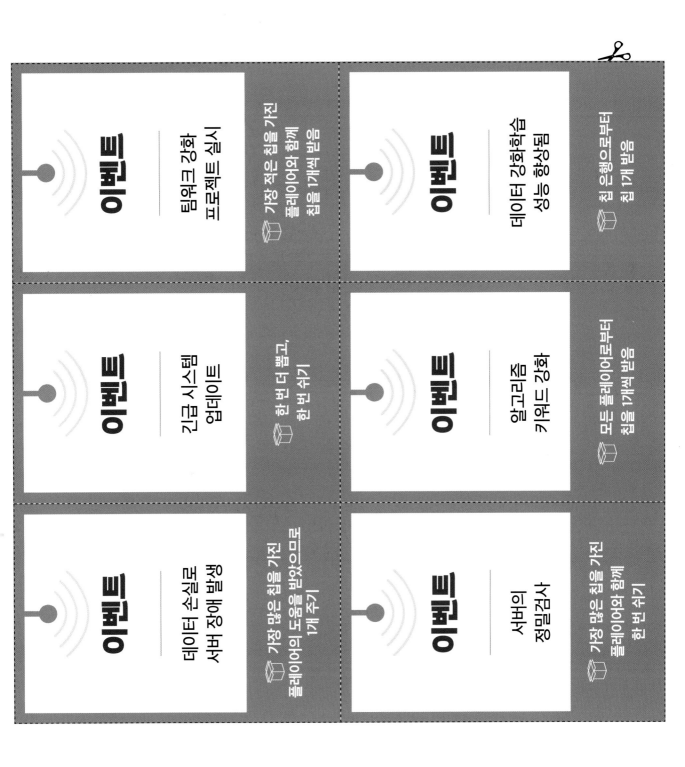

이벤트
팀워크 강화
프로젝트 실시

가장 작은 칩을 가진
플레이어와 함께
칩을 1개씩 받음

이벤트
데이터 강화학습
성능 향상됨

칩 은행으로부터
칩 1개 받음

이벤트
긴급 시스템
업데이트

한 번 더 뽑고,
한 번 쉬기

이벤트
알고리즘
키워드 강화

모든 플레이어로부터
칩을 1개씩 받음

이벤트
데이터 손실로
서버 장애 발생

가장 많은 칩을 가진
플레이어의 도움을 받았으므로
1개 주기

이벤트
서버의
정밀검사

가장 많은 칩을 가진
플레이어와 함께
한 번 쉬기

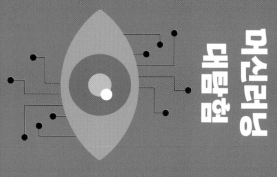

머신러닝 네트워크

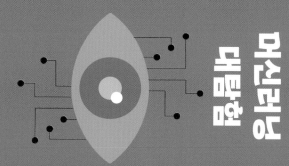

머신러닝 네트워크

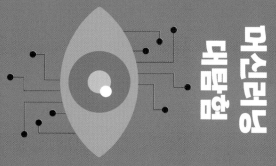

머신러닝 네트워크

머신러닝 네트워크

머신러닝 네트워크

머신러닝 네트워크

점수 획득 칩

대탐험 칩	대탐험 칩	대탐험 칩	대탐험 칩	대탐험 칩	대탐험 칩
대탐험 칩	대탐험 칩	대탐험 칩	대탐험 칩	대탐험 칩	대탐험 칩
대탐험 칩	대탐험 칩	대탐험 칩	대탐험 칩	대탐험 칩	대탐험 칩
대탐험 칩	대탐험 칩	대탐험 칩	대탐험 칩	대탐험 칩	대탐험 칩
대탐험 칩	대탐험 칩	대탐험 칩	대탐험 칩	대탐험 칩	대탐험 칩
대탐험 칩	대탐험 칩	대탐험 칩	대탐험 칩	대탐험 칩	대탐험 칩
대탐험 칩	대탐험 칩	대탐험 칩	대탐험 칩	대탐험 칩	대탐험 칩
대탐험 칩	대탐험 칩	대탐험 칩	대탐험 칩	대탐험 칩	대탐험 칩

'AI의 선택과 윤리 게임' 설명서

게임 준비(모둠별)

1. 세팅
4명을 한 모둠으로 구성한다.

2. 시작
1) 토론자들은 가위바위보로 사회자(선플레이어)를 정하고, 진행 방향(오른쪽 또는 왼쪽)을 정한다.
2) 사회자는 상황 카드(42장, 이벤트 카드 포함), 행동 카드(36장), 윤리 카드(36장)의 수를 확인한 후, 상황 카드를 잘 정리하여 글이 보이지 않도록 가운데 더미를 만든다.
3) 행동 카드는 잘 섞은 후, 토론자(사회자 포함)에게 각 5장씩 나눠주고, 남는 것은 가운데 더미를 만든다. 윤리 카드도 같다.
4) 토론자 전원은 윤리 칩 10개를 받고, 남은 윤리 칩은 카드 더미 옆에 둔다.

게임 진행

3. 게임(4인 기준)
1) 사회자부터 1장의 상황 카드를 가져온 후, 10대 요건 중 무엇이 문제인지 파악한다. ① 문제를 해결할 수 있다면 카드를 게임판 위에 올리고 문제를 읽는다. ② 문제를 해결할 수 없다면, 카드의 내용은 오픈하지 않고, 내 앞에 둔다. 다음 회차에서 함께 해결해도 된다.
2) 나의 행동 카드 가운데 해결에 도움이 될 카드 1~2개를 선택하여 게임판에 올려놓는다.
3) 나의 윤리 카드 가운데 해결에 도움이 될 카드 1~2개를 선택하여 게임판에 올리고 이유를 설명한다.
4) 다른 토론자가 윤리적인 측면에서 판단하고, 공감하는 정도에 따라 윤리 칩을 0~2개 준다. 이때 다른 토론자가 더 잘 해결할 수 있다면, 기회를 가져와서 해결할 수 있다.
5) 사용한 상황 카드는 카드 더미 맨 밑으로 이동하고, 행동 카드와 윤리 카드는 자기 손으로 이동한다. 상황 카드 중 이벤트 카드는 미션에 따라 행동 카드 또는 윤리 카드를 수령 후 더미 밑에 넣는다.
6) 다음 플레이어로 순서가 넘어간다.
7) 플레이할 시간을 정하거나, 상황 카드의 소진에 따라 종료할 수 있다.

게임 결과

4. 승리 조건
1) 윤리 칩을 가장 많이 모은 사람이 승리한다.
2) 턴(회차)이 진행 중이었어도, 현재 상태에서 칩이 가장 많은 사람이 승리한다.
3) 동점자가 있다면 공동 우승으로 할 수 있다.

상황 카드

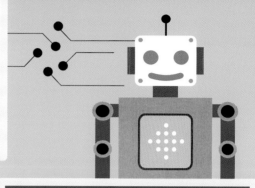

⦿ 행동 카드

0101101011010110
1011010101101011
0101101011010110
1011010101101011
0101101011010110
1011010101101011

⦿ 행동 카드

0101101011010110
1011010101101011
0101101011010110
1011010101101011
0101101011010110
1011010101101011

⦿ 윤리 카드

0101101011010110
1011010101101011
0101101011010110
1011010101101011
0101101011010110
1011010101101011

⦿ 윤리 카드

0101101011010110
1011010101101011
0101101011010110
1011010101101011
0101101011010110
1011010101101011

AI의 선택과 윤리 게임 - 인간성을 위한 윤리 10대 요건표

	3대 원칙
인간 존엄성 원칙	• 인간은 신체와 이성이 있는 생명체로 인공지능을 포함하여 인간을 위해 개발된 기계제품과는 교환 불가능한 가치가 있다. • 인공지능은 인간의 생명은 물론 정신적 및 신체적 건강에 해가 되지 않는 범위에서 개발 및 활용되어야 한다. • 인공지능 개발 및 활용은 안전성과 견고성을 갖추어 인간에게 해가 되지 않도록 해야 한다.
사회의 공공선 원칙	• 공동체로서 사회는 가능한 한 많은 사람의 안녕과 행복이라는 가치를 추구한다. • 인공지능은 지능정보사회에서 소외되기 쉬운 사회적 약자와 취약 계층의 접근성을 보장하도록 개발 및 활용되어야 한다. • 공익 증진을 위한 인공지능 개발 및 활용은 사회적, 국가적, 나아가 글로벌 관점에서 인류의 보편적 복지를 향상시킬 수 있어야 한다.
기술의 합목적성 원칙	• 인공지능 기술은 인류의 삶에 필요한 도구라는 목적과 의도에 부합되게 개발 및 활용되어야 하며 그 과정도 윤리적이어야 한다. • 인류의 삶과 번영을 위한 인공지능 개발 및 활용을 장려하여 진흥해야 한다
인권 보장	- 인공지능의 개발과 활용은 모든 인간에게 동등하게 부여된 권리를 존중하고, 다양한 민주적 가치와 국제 인권법 등에 명시된 권리를 보장하여야 한다. - 인공지능의 개발과 활용은 인간의 권리와 자유를 침해해서는 안 된다.
프라이버시 보호	- 인공지능을 개발하고 활용하는 전 과정에서 개인의 프라이버시를 보호해야 한다. - 인공지능 전 생애주기에 걸쳐 개인정보의 오용을 최소화하도록 노력해야 한다.
다양성 존중	- 인공지능 개발 및 활용 전 단계에서 사용자의 다양성과 대표성을 반영해야 하며, 성별·연령·장애·지역·인종·종교·국가 등 개인 특성에 따른 편향과 차별을 최소화하고, 상용화된 인공지능은 모든 사람에게 공정하게 적용되어야 한다. - 사회적 약자 및 취약 계층의 인공지능 기술 및 서비스에 대한 접근성을 보장하고, 인공지능이 주는 혜택은 특정 집단이 아닌 모든 사람에게 골고루 분배되도록 노력해야 한다.

침해 금지	- 인공지능을 인간에게 직간접적인 해를 입히는 목적으로 활용해서는 안 된다. - 인공지능이 야기할 수 있는 위험과 부정적 결과에 대응 방안을 마련하도록 노력해야 한다.
공공성	- 인공지능은 개인적 행복 추구뿐만 아니라 사회적 공공성 증진과 인류의 공동 이익을 위해 활용해야 한다. - 인공지능은 긍정적 사회변화를 이끄는 방향으로 활용되어야 한다. - 인공지능의 순기능을 극대화하고 역기능을 최소화하기 위한 교육을 다방면으로 시행하여야 한다.
연대성	- 다양한 집단 간의 관계 연대성을 유지하고, 미래 세대를 충분히 배려하여 인공지능을 활용해야 한다. - 인공지능 전 주기에 걸쳐 다양한 주체들의 공정한 참여 기회를 보장하여야 한다. - 윤리적 인공지능의 개발 및 활용에 국제사회가 협력하도록 노력해야 한다.
데이터 관리	- 개인정보 등 각각의 데이터를 그 목적에 부합하도록 활용하고, 목적 외 용도로 활용하지 않아야 한다. - 데이터 수집과 활용의 전 과정에서 데이터 편향성이 최소화되도록 데이터 품질과 위험을 관리해야 한다.
책임성	- 인공지능 개발 및 활용 과정에서 책임 주체를 설정함으로써 발생할 수 있는 피해를 최소화하도록 노력해야 한다. - 인공지능 설계 및 개발자, 서비스 제공자, 사용자 간의 책임 소재를 명확히 해야 한다.
안전성	- 인공지능 개발 및 활용 전 과정에 걸쳐 잠재적 위험을 방지하고 안전을 보장할 수 있도록 노력해야 한다. - 인공지능 활용 과정에서 명백한 오류 또는 침해가 발생할 때 사용자가 그 작동을 제어할 수 있는 기능을 갖추도록 노력해야 한다.
투명성	- 사회적 신뢰 형성을 위해 타 원칙과의 상충 관계를 고려하여 인공지능 활용 상황에 적합한 수준의 투명성과 설명 가능성을 높이려는 노력을 기울여야 한다. - 인공지능 기반 제품이나 서비스를 제공할 때 인공지능의 활용 내용과 활용 과정에서 발생할 수 있는 위험 등의 유의 사항을 사전에 고지해야 한다.

출처: 과학기술정보통신부

AI의 선택과 윤리 게임

상황 카드

AI가 뉴스 기사를 자동으로 작성하는 로봇 기자로 활동 중입니다. 그러나 AI가 작성한 기사에서 정확성이나 편향의 문제가 발생할 수 있습니다. 어떻게 해야 할까요?

AI의 선택과 윤리 게임

상황 카드

자율주행차가 갑작스러운 장애물을 마주했을 때, 오른쪽으로 피하면 보행자를, 왼쪽으로 피하면 장애인을 다치게 할 수 있습니다. 어떻게 해야 할까요?

AI의 선택과 윤리 게임

상황 카드

병원에서 AI가 의료 기록을 분석하여 환자의 치료 방법을 추천합니다. 하지만 데이터에 오류가 있을 가능성이 있습니다. 어떻게 해야 할까요?

AI의 선택과 윤리 게임

상황 카드

AI가 범죄 용의자를 예측하는 시스템을 운영 중입니다. 시스템이 특정 인종이나 성별을 차별할 가능성이 있습니다. 어떻게 대응해야 할까요?

AI의 선택과 윤리 게임

상황 카드

AI가 어린이들에게 교육 콘텐츠를 추천합니다. 그러나 콘텐츠 일부가 부적절하거나 편향된 정보를 포함할 가능성이 있습니다. 어떻게 해야 할까요?

AI의 선택과 윤리 게임

상황 카드

AI가 온라인 플랫폼에서 허위 정보를 걸러내는 역할을 하고 있습니다. 하지만 어떤 정보가 허위인지 애매한 상황이 발생했습니다. 어떻게 할까요?

AI의 선택과 윤리 게임

상황 카드

의사결정 시스템에 사용되는 AI가 경제적 이득을
극대화하기 위해 환경보호 규정을 무시할 수 있는
옵션을 제시합니다.
어떤 결정을 내려야 할까요?

AI의 선택과 윤리 게임

상황 카드

AI가 예술 작품을 자동으로 생성합니다.
그러나 생성된 작품이 저작권 문제를
일으킬 수 있는 요소를 포함하고 있습니다.
어떻게 대응해야 할까요?

AI의 선택과 윤리 게임

상황 카드

AI가 공공 안전 시스템의 일환으로 사람들의
움직임을 추적합니다. 하지만 사생활 침해 문제가
발생할 가능성이 있습니다.
어떻게 해야 할까요?

AI의 선택과 윤리 게임

상황 카드

AI가 인간의 감정에 기반한 음악 추천 시스템을
운영 중입니다. 하지만 개인의 감정 데이터가
유출될 위험이 있습니다.
어떻게 해야 할까요?

AI의 선택과 윤리 게임

상황 카드

AI가 면접 과정을 자동화하여 지원자를
평가합니다. 그러나 알고리즘이 특정 배경의
지원자를 불리하게 평가할 수 있습니다.
어떻게 해결할까요?

AI의 선택과 윤리 게임

상황 카드

AI가 인간의 행동 데이터를 학습하여 편견이나
오류를 제거하려고 합니다. 하지만 모든 편견을
완전히 제거하는 것은 어려울 수 있습니다.
AI의 판단에 어떻게 대응해야 할까요?

AI의 선택과 윤리 게임

상황 카드

AI에 대한 규제를 강화할수록 AI가 불공정하거나
차별적인 판단을 할 위험이 증가할 수 있습니다.
AI의 판단을 어떻게 관리해야 할까요?

AI의 선택과 윤리 게임

상황 카드

가석방 심사에서 인간 판사와 AI의 판단이
비교되었습니다. 인간 판사는 피로에 의해
판단이 영향을 받았지만, AI는 일관된 판단을
유지했습니다. AI를 사용할 때의
윤리적 고려 사항은 무엇일까요?

AI의 선택과 윤리 게임

상황 카드

AI가 어린이 보호구역에서 어린이의 위험 행동을
분류하는 데이터를 이용하여 문제를 해결하려고
합니다. 하지만 AI의 판단이 잘못되거나 부정확할
수 있습니다. 어떻게 해야 할까요?

AI의 선택과 윤리 게임

상황 카드

AI 채용 프로그램이 특정 성별이나 학교 배경을
가진 지원자를 자동으로 걸러내고 있습니다.
이는 성차별로 이어질 수 있습니다.
어떻게 해결해야 할까요?

AI의 선택과 윤리 게임

상황 카드

AI의 안면 인식 기능이 특정 인종을 위험인물로
잘못 인식하는 문제가 발생했습니다.
어떻게 대응해야 할까요?

AI의 선택과 윤리 게임

상황 카드

AI가 어린이들을 위해 이해하기 쉬운 단어로
일기예보를 작성하고 있습니다. 그러나 AI가
제공하는 정보가 항상 정확하지 않을 수 있습니다.
어떻게 해야 할까요?

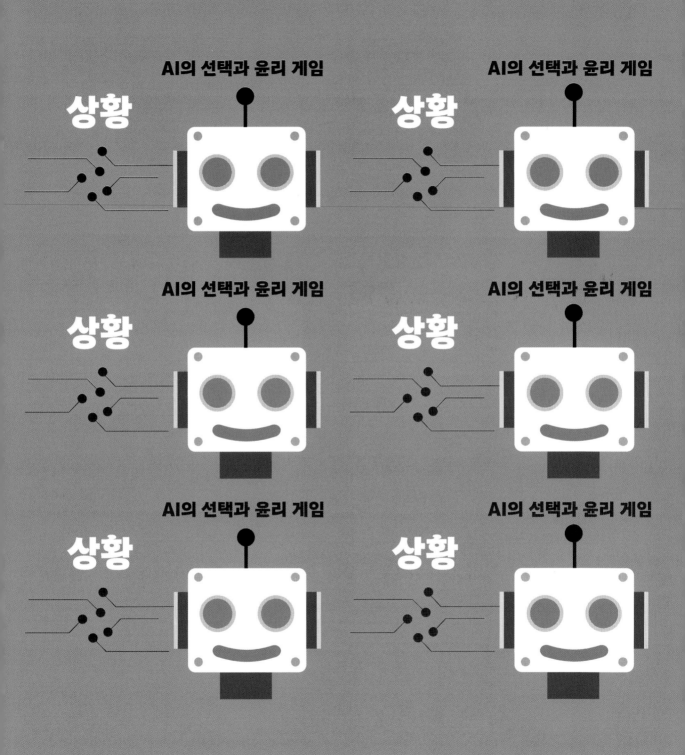

AI의 선택과 윤리 게임

상황 카드

AI가 사용자의 검색 이력과 위치를 바탕으로
맞춤형 검색 결과를 제공합니다. 하지만 이는
사용자의 프라이버시를 침해할 수 있습니다.
어떻게 해야 할까요?

AI의 선택과 윤리 게임

상황 카드

위키피디아가 방대한 양의 정보를 관리하기 위해
AI를 도입했습니다. 그러나 AI가 모든 내용을
정확하게 관리하지 못할 가능성이 있습니다.
어떻게 해야 할까요?

AI의 선택과 윤리 게임

상황 카드

AI가 과거의 통계 데이터를 바탕으로 신용카드
발급 조건을 설정하는 과정에서 여성에게 불리한
조건이 적용되었습니다.
어떻게 해결해야 할까요?

AI의 선택과 윤리 게임

상황 카드

AI가 신용카드 사용 한도를 설정할 때
동일한 조건의 여성보다 남성에게
더 높은 한도를 부여했습니다.
어떻게 해야 할까요?

AI의 선택과 윤리 게임

상황 카드

AI의 안전성과 윤리적 문제에 집중하려던
공동 창립자 중 한 명이 회사의 방향성 차이로
인해 회사를 떠났습니다. 기술 발전과
윤리적 고려 중 무엇을 우선해야 할까요?

AI의 선택과 윤리 게임

상황 카드

AI 챗봇이 부적절한 발언을 하고
개인정보를 노출하는 문제가 발생하여
서비스가 중단되었습니다.
어떻게 예방하고 해결할 수 있을까요?

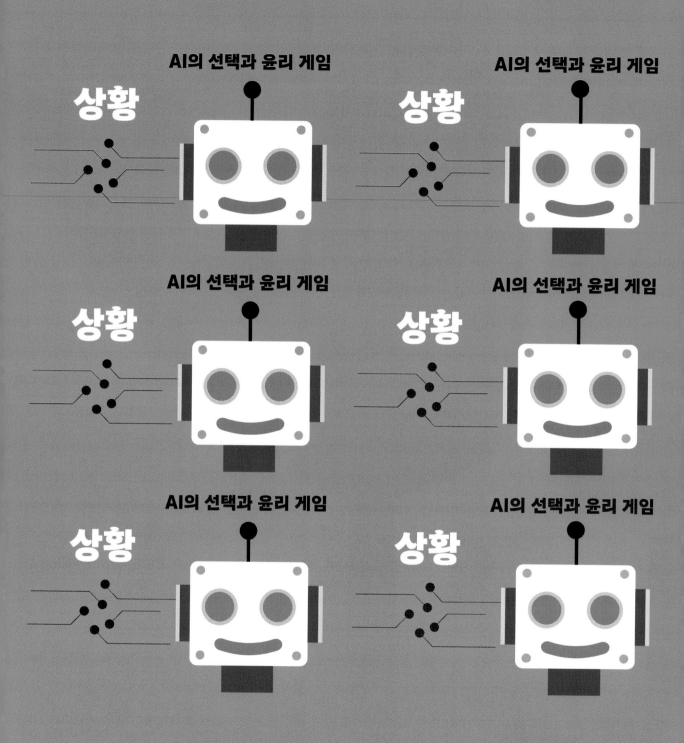

AI의 선택과 윤리 게임

상황 카드

AI가 학습하는 데이터에 거짓, 편향된 정보, 혹은 오래된 내용이 포함되어 있습니다. 이로 인해 잘못된 결과를 초래할 수 있습니다. 어떻게 대응해야 할까요?

AI의 선택과 윤리 게임

상황 카드

AI가 과학적으로 이해할 수 없는 결과물이나 허위 주장을 만들어낼 위험이 있습니다. AI의 결과를 어떻게 검토하고 관리해야 할까요?

AI의 선택과 윤리 게임

상황 카드

AI를 사용하여 학습과 연구를 진행하는 학생들이 편의를 넘어서, AI를 이용해 과제를 부정하게 해결하거나 연구 데이터를 조작하는 등 부정적인 방식으로 AI를 이용하고 있습니다. 어떻게 해야 할까요?

AI의 선택과 윤리 게임

상황 카드

AI 카메라가 스포츠 경기 중 심판의 머리를 축구공으로 착각해, 경기 내내 심판의 머리를 비추는 영상을 송출했습니다. 이와 같은 오류를 줄이기 위해 어떻게 해야 할까요?

AI의 선택과 윤리 게임

상황 카드

AI가 스팸 메일을 걸러내고 메시지 작성 시 단어와 표현을 추천하는 역할을 하고 있습니다. 하지만 AI가 일부 정상 메일을 스팸으로 분류하거나 부적절한 단어를 추천할 가능성이 있습니다. 어떻게 해야 할까요?

AI의 선택과 윤리 게임

상황 카드

AI를 활용한 클라우드 서비스가 신약 개발에 사용되고 있습니다. 그러나 AI의 예측이 부정확하거나 잘못된 결론을 내릴 경우 심각한 부작용이 발생할 수 있습니다. 어떤 윤리적 고려가 필요할까요?

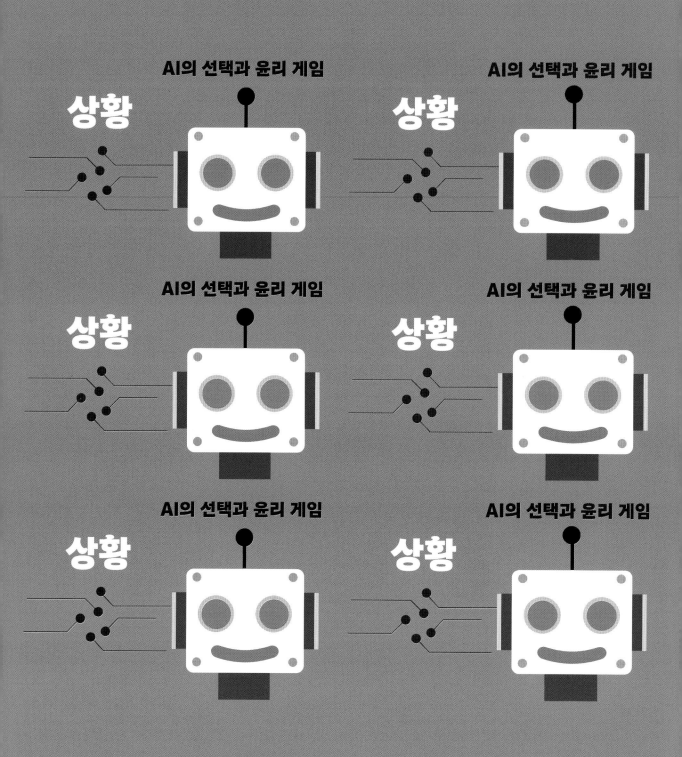

AI의 선택과 윤리 게임

상황 카드

AI가 위치 정보를 추적하여 특정 서비스 혜택을
제공하지만, 사용자의 동의 없이 위치 데이터를
활용하는 것이 문제가 될 수 있습니다.
어떻게 대응해야 할까요?

AI의 선택과 윤리 게임

상황 카드

AI가 개인의 건강 데이터를 수집하여 의료
서비스를 제공하지만, 개인정보를 과도하게
수집하는 문제가 발생할 수 있습니다.
어떻게 대응해야 할까요?

AI의 선택과 윤리 게임

상황 카드

AI가 공공 정책을 제안할 때, 데이터 출처를
투명하게 표기해야 하지만, 출처가 제외되는
부작용이 발생하여 신뢰성이 떨어지는 문제가
있습니다. 어떻게 대응해야 할까요?

AI의 선택과 윤리 게임

상황 카드

AI가 분석한 데이터를 기반으로
환경문제를 해결하도록 제안하였지만,
소수자들의 권리가 무시될 수 있습니다.
어떻게 대응해야 할까요?

AI의 선택과 윤리 게임

이벤트

윤리 카드 1장 추가 획득

AI의 선택과 윤리 게임

이벤트

원하는 플레이어 윤리 카드 1장 가져오기

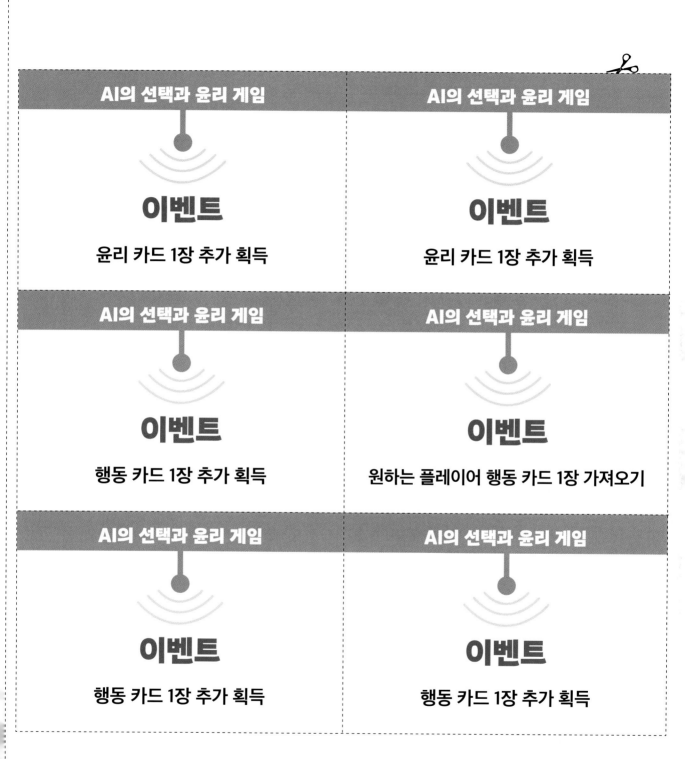

AI의 선택과 윤리 게임	AI의 선택과 윤리 게임
이벤트 윤리 카드 1장 추가 획득	**이벤트** 윤리 카드 1장 추가 획득
이벤트 행동 카드 1장 추가 획득	**이벤트** 원하는 플레이어 행동 카드 1장 가져오기
이벤트 행동 카드 1장 추가 획득	**이벤트** 행동 카드 1장 추가 획득

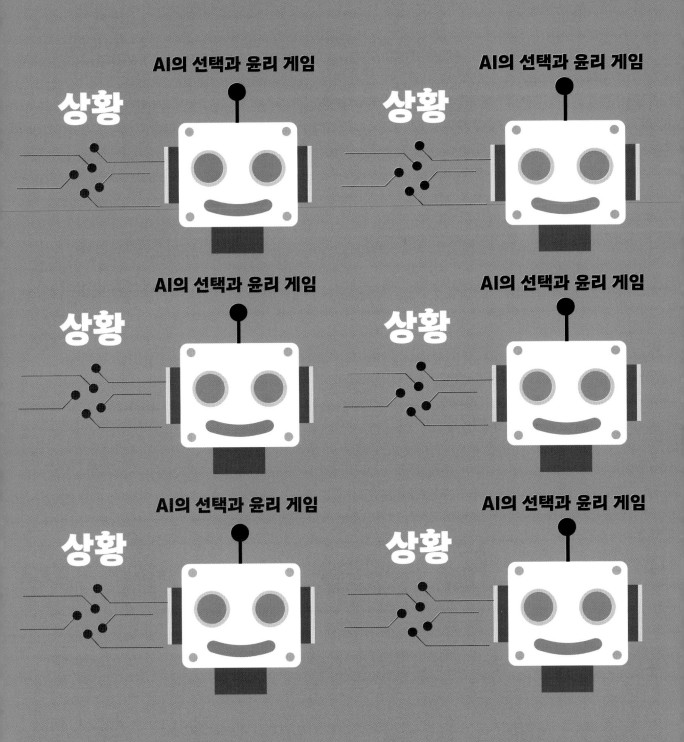

AI의 선택과 윤리 게임	AI의 선택과 윤리 게임	AI의 선택과 윤리 게임
행동 카드	**행동 카드**	**행동 카드**
AI의 결정과 판단 과정을 투명하게 공개한다.	AI의 데이터를 검증한다.	AI의 알고리즘을 업데이트하여 편향을 제거한다.
AI의 선택과 윤리 게임	AI의 선택과 윤리 게임	AI의 선택과 윤리 게임
행동 카드	**행동 카드**	**행동 카드**
AI의 접근 권한을 제한한다.	AI의 결정을 취소하고 다른 해결책을 모색한다.	AI의 학습 데이터를 개선한다.
AI의 선택과 윤리 게임	AI의 선택과 윤리 게임	AI의 선택과 윤리 게임
행동 카드	**행동 카드**	**행동 카드**
사용자에게 AI의 의사결정 과정을 설명한다.	AI의 활동을 모니터링하여 이상을 감지한다.	AI의 오류를 찾아낸 후 수동으로 해결한다.
AI의 선택과 윤리 게임	AI의 선택과 윤리 게임	AI의 선택과 윤리 게임
행동 카드	**행동 카드**	**행동 카드**
AI의 결정을 실행하기 전에, 인간의 승인을 받는다.	AI의 윤리적 지침을 강화한다.	AI의 판단이 미치는 영향을 분석한다.

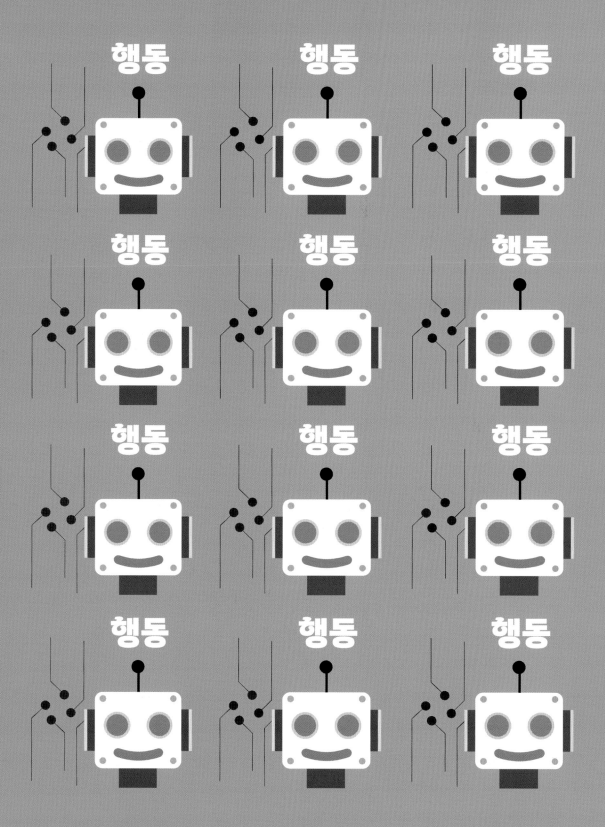

AI의 선택과 윤리 게임	AI의 선택과 윤리 게임	AI의 선택과 윤리 게임
행동 카드 AI의 접근 권한을 확장하여, 더 많은 데이터를 수집한다.	**행동 카드** AI의 활동을 믿고, AI가 알아서 진행하도록 한다.	**행동 카드** AI의 결정을 취소하지 않고, 그대로 실행한다.
AI의 선택과 윤리 게임	AI의 선택과 윤리 게임	AI의 선택과 윤리 게임
행동 카드 AI의 데이터를 그대로 사용한다.	**행동 카드** AI의 오류는 또 발생할 수 있으므로 그대로 둔다.	**행동 카드** AI의 학습 데이터를 기존 데이터 그대로 사용한다.
AI의 선택과 윤리 게임	AI의 선택과 윤리 게임	AI의 선택과 윤리 게임
행동 카드 AI의 결정과 판단 과정은 기업의 비밀 사항이므로, 비공개로 유지한다.	**행동 카드** AI 데이터의 정확성과 신뢰성이 100%를 유지하기 어려우므로, 그대로 사용한다.	**행동 카드** AI의 알고리즘 편향을 수정하는 데 비용이 많이 들므로, 그대로 유지한다.
AI의 선택과 윤리 게임	AI의 선택과 윤리 게임	AI의 선택과 윤리 게임
행동 카드 AI가 더 나은 성과를 내기 위해 모든 데이터에 접근할 수 있도록 허용한다.	**행동 카드** AI의 결정을 사람이 판단하기 어려우므로, 그대로 실행한다.	**행동 카드** AI의 학습 데이터 개선에 추가 자원이 소요되므로, 현재 데이터를 그대로 유지한다.

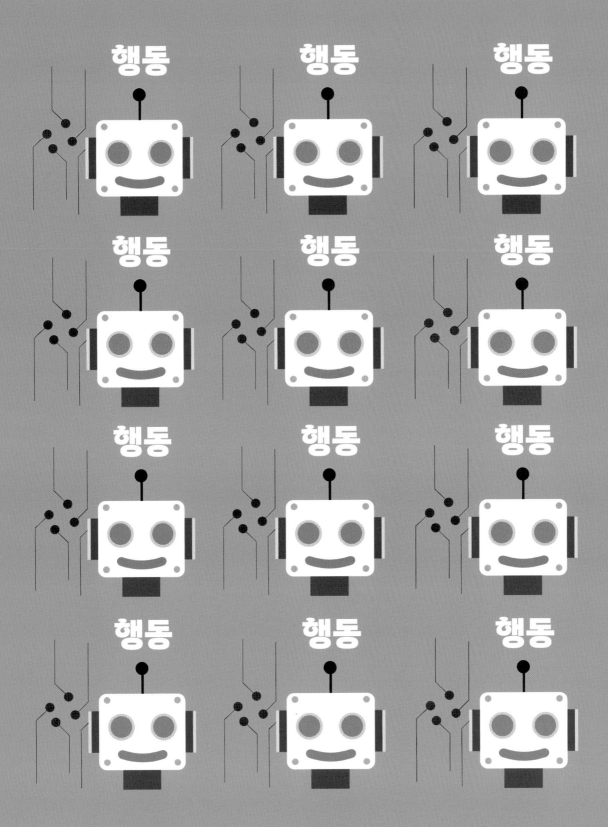

AI의 선택과 윤리 게임	AI의 선택과 윤리 게임	AI의 선택과 윤리 게임
행동 카드	**행동 카드**	**행동 카드**
AI의 결정 과정을 설명하는 데 시간이 걸리므로, 사용자에게 알리지 않는다.	AI가 스스로 최적화할 수 있다고 믿고, 모니터링을 생략한다.	AI의 오류를 수정하는 데 추가적인 비용이 발생하므로 그대로 둔다.
AI의 선택과 윤리 게임	AI의 선택과 윤리 게임	AI의 선택과 윤리 게임
행동 카드	**행동 카드**	**행동 카드**
인간의 승인을 받는 절차가 번거로우므로, AI의 결정을 자동으로 실행한다.	윤리적 지침을 강화하면 AI의 효율성이 떨어질 수 있으므로 현 상태를 유지한다.	AI의 판단이 영향을 미치는 영역이 광범위하므로, 분석을 생략한다.
AI의 선택과 윤리 게임	AI의 선택과 윤리 게임	AI의 선택과 윤리 게임
행동 카드	**행동 카드**	**행동 카드**
AI의 성능을 극대화하기 위해, 데이터 수집을 제한하지 않는다.	AI가 스스로 문제를 해결할 수 있다고 믿고, 모든 활동을 AI에 맡긴다.	AI의 결정을 검토하는 과정이 복잡하므로, 그대로 실행한다.
AI의 선택과 윤리 게임	AI의 선택과 윤리 게임	AI의 선택과 윤리 게임
행동 카드	**행동 카드**	**행동 카드**
기존 데이터가 이미 충분하다고 판단해, 새로운 데이터를 반영하지 않는다.	AI의 오류를 수정하는 데 추가적인 노력이 필요하므로, 그대로 둔다.	추가 데이터 수집이 어렵기 때문에, 기존 데이터를 그대로 사용한다.

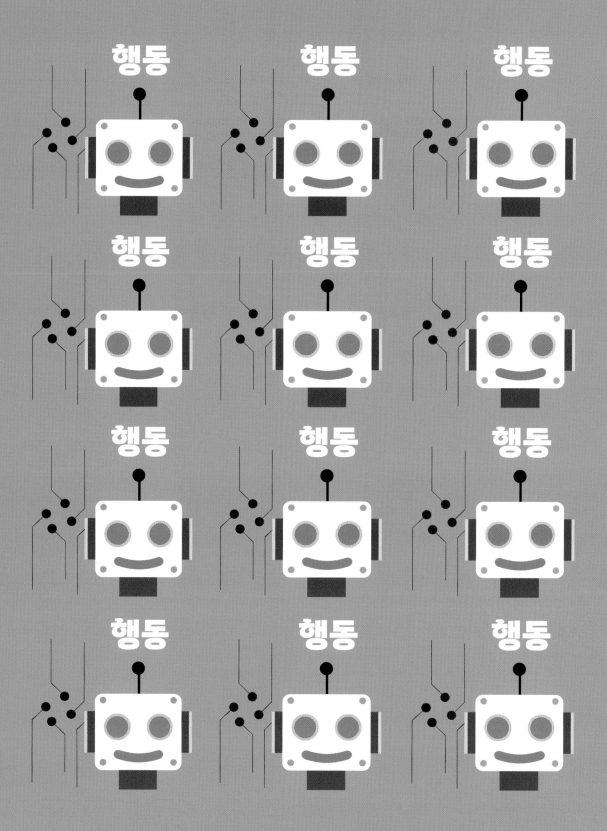

AI의 선택과 윤리 게임	AI의 선택과 윤리 게임	AI의 선택과 윤리 게임
윤리 카드 개인정보 보호를 최우선으로 한다.	**윤리 카드** 공정성과 평등을 보장한다.	**윤리 카드** 투명성을 유지한다.
AI의 선택과 윤리 게임	AI의 선택과 윤리 게임	AI의 선택과 윤리 게임
윤리 카드 다수의 이익을 우선시한다.	**윤리 카드** 인간의 생명을 보호한다.	**윤리 카드** 정확한 정보를 제공한다.
AI의 선택과 윤리 게임	AI의 선택과 윤리 게임	AI의 선택과 윤리 게임
윤리 카드 윤리적 책임을 다한다.	**윤리 카드** 편견을 제거하고 공평성을 유지한다.	**윤리 카드** 환경을 보호한다.
AI의 선택과 윤리 게임	AI의 선택과 윤리 게임	AI의 선택과 윤리 게임
윤리 카드 사용자의 자유와 선택을 존중한다.	**윤리 카드** 기술의 윤리적 사용을 보장한다.	**윤리 카드** 다양성을 존중한다.

AI의 선택과 윤리 게임	AI의 선택과 윤리 게임	AI의 선택과 윤리 게임
윤리 카드	**윤리 카드**	**윤리 카드**
책임감 있게 행동한다.	정보의 정확성과 신뢰성을 확보한다.	미래 세대의 이익을 고려한다.
AI의 선택과 윤리 게임	AI의 선택과 윤리 게임	AI의 선택과 윤리 게임
윤리 카드	**윤리 카드**	**윤리 카드**
정직과 신뢰를 기반으로 한다.	비차별의 원칙을 따른다.	인간 중심의 결정을 내린다.
AI의 선택과 윤리 게임	AI의 선택과 윤리 게임	AI의 선택과 윤리 게임
윤리 카드	**윤리 카드**	**윤리 카드**
데이터 활용을 극대화하기 위해, 개인정보 보호는 우선시하지 않는다.	특정 그룹이나 개인의 배려를 위해 공정성과 평등을 고려하지 않는다.	AI의 의사결정 과정은 기업 비밀 보호를 위해 비공개로 유지된다.
AI의 선택과 윤리 게임	AI의 선택과 윤리 게임	AI의 선택과 윤리 게임
윤리 카드	**윤리 카드**	**윤리 카드**
소수의 이익을 보호하기 위해, 다수의 이익을 희생할 수 있다.	특정 상황에서 인간의 생명보다 다른 요소가 더 중요하다고 판단한다.	빠른 정보 제공을 위해, 정보의 정확성을 일부 희생할 수 있다.

AI의 선택과 윤리 게임	AI의 선택과 윤리 게임	AI의 선택과 윤리 게임
윤리 카드 AI의 효율성을 높이기 위해, 윤리적 책임을 다하지 않는다.	**윤리 카드** AI의 편향이 수정되지 않은 상태로, 기존 알고리즘을 유지한다.	**윤리 카드** 경제적 이익을 극대화하기 위해, 환경보호를 희생할 수 있다.
AI의 선택과 윤리 게임	AI의 선택과 윤리 게임	AI의 선택과 윤리 게임
윤리 카드 AI의 효율성을 높이기 위해, 사용자의 선택권을 제한한다.	**윤리 카드** 기술의 발전과 수익성을 위해 윤리적 사용을 보장하지 않는다.	**윤리 카드** 특정 문화나 관점을 우선시하기 위해, 다양성을 고려하지 않는다.
AI의 선택과 윤리 게임	AI의 선택과 윤리 게임	AI의 선택과 윤리 게임
윤리 카드 AI가 잘못된 결정을 내렸을 때, 그 책임을 인간에게 돌리지 않는다.	**윤리 카드** AI가 제공하는 정보의 신뢰성보다 정보 제공의 신속성을 중시한다.	**윤리 카드** 현재의 이익을 우선시하기 위해 미래 세대의 이익을 고려하지 않는다.
AI의 선택과 윤리 게임	AI의 선택과 윤리 게임	AI의 선택과 윤리 게임
윤리 카드 AI의 결정 과정에서 정직과 신뢰보다는 결과를 중시한다.	**윤리 카드** AI가 특정 인종이나 성별에 따라 차별적 결정을 내리도록 허용한다.	**윤리 카드** 다른 요소를 우선시하여, 인간의 이익을 뒤로 미룬다.

점수 획득 칩

윤리 칩	윤리 칩	윤리 칩	윤리 칩	윤리 칩	윤리 칩
윤리 칩	윤리 칩	윤리 칩	윤리 칩	윤리 칩	윤리 칩
윤리 칩	윤리 칩	윤리 칩	윤리 칩	윤리 칩	윤리 칩
윤리 칩	윤리 칩	윤리 칩	윤리 칩	윤리 칩	윤리 칩
윤리 칩	윤리 칩	윤리 칩	윤리 칩	윤리 칩	윤리 칩
윤리 칩	윤리 칩	윤리 칩	윤리 칩	윤리 칩	윤리 칩
윤리 칩	윤리 칩	윤리 칩	윤리 칩	윤리 칩	윤리 칩
윤리 칩	윤리 칩	윤리 칩	윤리 칩	윤리 칩	윤리 칩

'인공지능 리터러시 종합 게임' 설명서

게임 준비(모둠별)

1. 세팅

4명을 한 모둠으로 구성한다.

2. 시작

1) 리터러시맨(팀장/선플레이어)을 정하고, 진행 방향(오른쪽 또는 왼쪽)을 정한다.
2) 리터러시맨은 인공지능 키워드 탐사 카드(48장), 머신러닝 대탐험 카드(54장), 인공지능 윤리 카드(24장), 데이터 창조자 카드(24장)의 수를 확인하고, 게임판 위에 더미로 올린다.
3) 러터러시맨은 플레이어(본인 포함)에 인공지능 키워드 탐사 칩, 대탐험 칩, 윤리 칩을 각각 8개씩 지급하고, 나머지 칩은 옆에 둔다. 각 플레이어는 자기의 말을 선정하고, 출발 위치에 배치한다.

게임 진행

3. 게임(4인 기준)

1) 리터러시맨부터 주사위를 굴리고, 숫자만큼 이동하여 말을 놓는다.
2) 도착한 자리에 적힌 카드를 가져온 후, 다음의 방식으로 미션을 수행한다.
 - 인공지능 키워드 탐사 카드: 해당 플레이어의 앞자리 플레이어가 가장 위의 카드를 가져간 후, 플레이어가 문제를 맞힐 수 있도록 하얀 부분에 쓰여 있는 글을 읽어준다.
 - 머신러닝 대탐험 카드: 해당 플레이어가 가장 위의 카드를 가져간 후, 다른 플레이어가 들을 수 있도록 읽어준다. 이때 소리가 작거나 제대로 읽지 않는다면, 획득 없이 반납만

한다.
 - 인공지능 윤리 카드: 머신러닝 카드와 같다. 읽은 카드는 더미 아래로 넣는다.
 - 데이터 창조자 카드: 머신러닝 카드와 같다. 읽은 카드는 더미 아래로 넣는다.
3) 이벤트 자리에 도착하면 게임판의 내용에 따른다.
4) 다음 플레이어로 순서가 넘어간다.
5) 플레이할 시간을 정하거나, 도착 지점을 통과하면 종료할 수 있다.

게임 결과

4. 승리 조건

1) 칩 1개는 1점, 인공지능+머신러닝+윤리+창조자 칩 1세트에 5점이다.
2) 가장 높은 점수를 얻은 플레이어가 우승한다.
3) 동점자가 있다면 공동 우승으로 할 수 있다.

데이터
창조자

인공지능
윤리

이벤트
데이터 사용에
윤리 문제 발생
윤리 칩 1개 반납
(다른 칩 2개)

키워드
대탐사

인공지능
윤리

데이터
창조자

머신러닝
대탐험

머신러닝
대탐험

인공지능
윤리

버그를
잡지 못했으므로
처음으로

키워드
대탐사

데이터 창조자

바이러스에
걸려
처음으로

키워드
대탐사

이벤트
AI 진료 보조
시스템 출시
머신러닝 대탐험 칩
1개 획득

머신러닝
대탐험

연구실에서
연구를 위해
한 번 쉬기

주사위
한 번 더

데이터
창조자

머신러닝
대탐험

키워드
대탐사

인공지능
윤리

키워드
대탐사

주사위
한 번 더

자금이
부족하여
한 번 쉬기

이벤트
자율주행의
안전확보 어려움
머신러닝 대탐험 칩
1개 반납(다른 칩 2개)

인공지능 윤리

연구실에서
연구를 위해
한 번 쉬기

키워드
대탐사

데이터
창조자

도착

출발 ▶

이벤트
AI 윤리위원회 설립
윤리 칩 1개 획득

데이터
창조자

인공지능
윤리

머신러닝
대탐험

붙여 주세요

이벤트
기술 발전으로
AI 성능 좋아짐
윤리 칩 1개 획득

인공지능
윤리

데이터
창조자

키워드
대탐사

이벤트
AI 기술에 대한
규제, 제약 생김
데이터 창조자 칩
1개 반납(다른 칩 2개)

연구실에서
연구를 위해
한 번 쉬기

머신러닝
대탐험

인공지능
윤리

머신러닝
대탐험

데이터
창조자

머신러닝 대탐험

머신러닝
대탐험

바이러스에
걸려
처음으로

주사위
한 번 더

인공지능
윤리

이벤트
특정 산업에
AI 자동화 도입
데이터 창조자 칩
1개 획득

키워드
대탐사

데이터
창조자

데이터
창조자

주사위
한 번 더

키워드
대탐사

바이러스에
걸려
처음으로

머신러닝
대탐험

인공지능
윤리

자금이
부족하여
한 번 쉬기

키워드
대탐사

데이터
창조자

인공지능
윤리

데이터
창조자

키워드 대탐사

키워드
대탐사

머신러닝
대탐험

인공지능
윤리

이벤트
AI 기술 접근성
불평등 논란
윤리 칩 1개 반납
(다른 칩 2개)

머신러닝
대탐험

게임 말

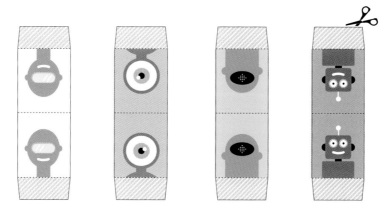

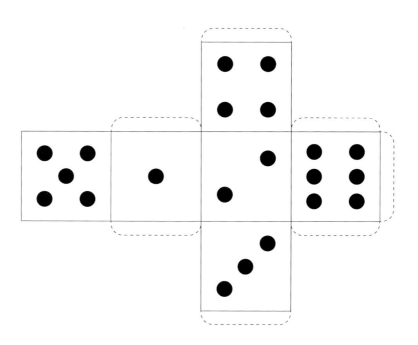

인공지능 리터러시 윤리 카드

유럽연합은 인공지능 위험을 '① 최소한의 위험 ② 제한된 위험 ③ 고위험 ④ 용인할 수 없는 위험' 4단계로 나누고 관리를 제안했다.

인공지능 윤리 칩 1개 획득

인공지능 리터러시 윤리 카드

가트너는 '인공지능 사이클 보고서'에서 인공지능을 간편하게 실용적으로 사용할 수 있는 '인공지능의 민주화'를 제안했다.

인공지능 윤리 칩 1개 획득

인공지능 리터러시 윤리 카드

인공지능에 대한 규제를 강화할수록 불공정과 차별을 갖게 될 우려도 있다. 그러므로 인공지능의 판단을 인간이 잘 살펴야 한다.

인공지능 윤리 칩 1개 획득

인공지능 리터러시 윤리 카드

중국은 차세대 인공지능 윤리 규범을 발표하고, 신뢰, 공정, 책임성 등을 강조했다.

인공지능 윤리 칩 1개 획득

인공지능 리터러시 윤리 카드

인공지능이 인간의 행동과 결정이 담긴 데이터를 통해, 오류나 편견이 담긴 판단을 하지 않도록 노력하고 있다.

인공지능 윤리 칩 1개 획득

인공지능 리터러시 윤리 카드

미국은 신뢰, 공정, 안전 등을 강조하는 인공지능 활용 원칙을 발표하고, 개인의 권리/자유를 지킬 인공지능 규제법을 준비 중이다.

인공지능 윤리 칩 1개 획득

인공지능 리터러시 윤리 카드

위키피디아 내용을 훼손하거나 하위 조직 정보를 올리는 사이버 반달리즘(cyber vandalism)이 발생하여, 인공지능을 도입했다.

인공지능 윤리 첩 1개 획득

인공지능 리터러시 윤리 카드

노벨의 다이너마이트가 살인 무기가 되었듯이, 인공지능도 사회에 어떤 변화를 일으킬지 아무도 모르기에, 항상 관리하기로 했다.

인공지능 윤리 첩 1개 획득

인공지능 리터러시 윤리 카드

일부 대학생과 연구자의 인공지능 이용이. 생활과 학습의 편의를 넘어 부정적 영향을 미치고 있음이 확인되었다.

인공지능 윤리 첩 1개 획득

인공지능 리터러시 윤리 카드

인공지능의 안면 인식 기능의 문제로, 일부 프로그램에서 아시아와 아프리카계를 위험인물로 착각하는 인종차별의 결과를 보였다.

인공지능 윤리 첩 1개 획득

인공지능 리터러시 윤리 카드

아마존의 인공지능 채용 프로그램이, 생활을 작지 않아도 학교, 취미 등을 토대로 여성 지원자를 배제하는 일이 발생했다.

인공지능 윤리 첩 1개 획득

인공지능 리터러시 윤리 카드

아마존의 인공지능은, 과거 미국 정보기술(IT) 업계의 '사내들만 득시글거린다(sea of dudes)'는 성차별 데이터를 반영했다.

인공지능 윤리 첩 1개 획득

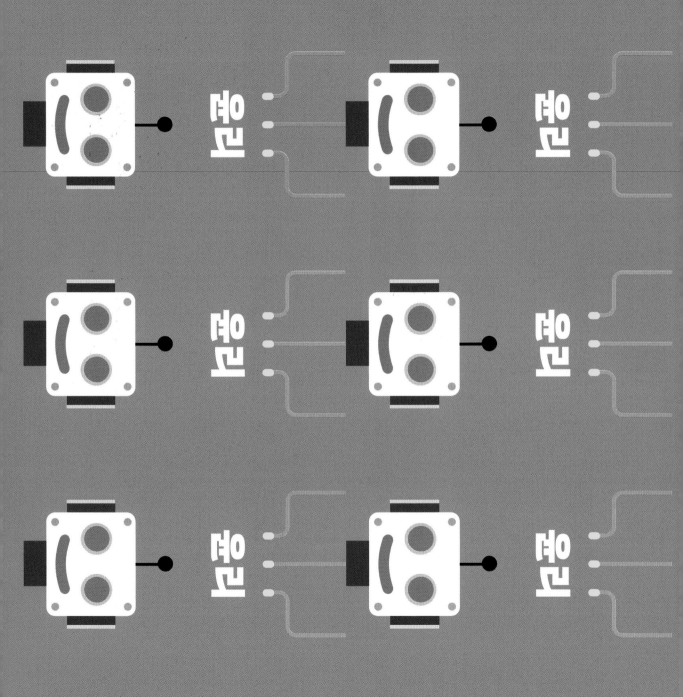

인공지능 리터러시 윤리 카드

생성형 인공지능을 악용해 컴퓨터 바이러스 랜섬웨어(몸값 요구형 컴퓨터 바이러스)를 만든 20대가 적발됐다.

인공지능 윤리 칩 2개 반납

인공지능 리터러시 윤리 카드

인공지능이 범죄에 악용될 만한 답변을 이끌어내지 못하도록 대응을 강화하고 있지만, 100% 차단은 어려운 실정이다.

인공지능 윤리 칩 2개 반납

인공지능 리터러시 윤리 카드

인공지능은 신용카드 발급에서 이전까지의 통계를 바탕으로, 여성 임원이 적었기에, 남성 직장인보다 불리한 조건을 반영했다.

인공지능 윤리 칩 1개 획득

인공지능 리터러시 윤리 카드

가트너는 '인공지능 사이클 보고서'에서 ▲헬스케어 ▲바이오 사이언스 ▲제조 ▲금융 ▲공급망 관리, 사물 5개 분야를 꼽았다.

인공지능 윤리 칩 2개 획득

인공지능 리터러시 윤리 카드

이스라엘의 가석방 심사에서, 쉬는 시간 전에 엄격해지는 '배고픈 판사 효과'가 나타났다. 반면 인공지능은 한계를 보이지 않았다.

인공지능 데이터 칩 1개 획득

인공지능 리터러시 윤리 카드

미첼 박사는 "AI가 과학적으로 전혀 이해할 수 없는 결과물과 허위 주장을 만들어낼 수 있다"고 경고했다.

인공지능 윤리 칩 2개 반납

인공지능 리터러시 윤리 카드

마이크로소프트의 '애저' 같은 클라우드 서비스는 인공지능으로 신약을 개발하는 기본적인 솔루션을 제공하고 있다.

인공지능 윤리 칩 1개 획득

인공지능 리터러시 윤리 카드

자율주행차의 인공지능 기술은 사물의 위치를 인식하여 위치 상황을 계측하고, 교통을 최적화한다.

인공지능 윤리 칩 1개 획득

인공지능 리터러시 윤리 카드

인공지능 관리는 분석을 통해 고객의 구매 패턴을 예측하고 추천 상품을 제안하여 마케팅을 향상한다.

인공지능 윤리 칩 1개 획득

인공지능 리터러시 윤리 카드

인공지능으로 자동차의 기술 발전이 이어지고 있지만, 이로 인한 교통사고 등에 대한 책임 소재는 불분명하다.

인공지능 윤리 칩 2개 반납

인공지능 리터러시 윤리 카드

인공지능 의료 기반 진단 시스템은 질병에 대한 데이터 정확도를 높여주지만, 환자 개인의 데이터 노출이 우려된다.

인공지능 윤리 칩 2개 반납

인공지능 리터러시 윤리 카드

자연어 처리 기술이 발전함에 따라 다양한 언어로 소통할 수 있게 되었지만, 문맥에 맞지 않는 오역이 발생하기도 한다.

인공지능 윤리 칩 2개 반납

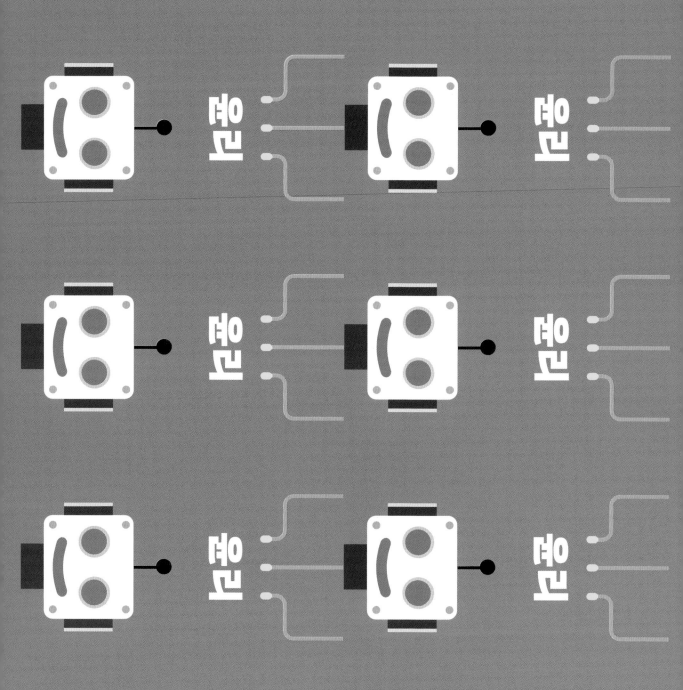

인공지능 리터러시 데이터 참조자 카드

궁금한 것에 관한 답을 알려주는 인터넷 검색에도, 보이지 않는 인공지능이 검색자의 성향/위치를 파악해 맞춤형 결과를 보여준다.

인공지능 칩 2개 획득

인공지능 리터러시 데이터 참조자 카드

인공지능은 알고리즘이 스팸 메일을 걸러내고, 메시지를 작성할 때 적당한 단어와 표현을 추천해 주어 편리하게 이용할 수 있다.

인공지능 데이터 칩 2개 획득

인공지능 리터러시 데이터 참조자 카드

인공지능은 아이의 두뇌와 같이 학습하는 걸 그대로 받아들인다. 그래서 부모이자 교사처럼 하나하나 잘 학습시키기로 했다.

인공지능 데이터 칩 2개 획득

인공지능 리터러시 데이터 참조자 카드

많은 언론사에서 주식시세, 종목 분석과 같이 통계를 바탕으로 기사를 쓰는 일에, '로봇 기자'가 활동하기 시작했다.

인공지능 데이터 칩 2개 획득

인공지능 리터러시 데이터 참조자 카드

N소프트의 인공지능 기자는 초등학생이 이해할 수 있는 단어를 이용하여 정해진 템플릿 없이 스스로 일기예보를 작성한다.

인공지능 데이터 칩 2개 획득

인공지능 리터러시 데이터 참조자 카드

은행은 고객이 소유한 부동산의 가치를 평가하고, 대출 자격을 심사하는 일몰 인공지능을 이용하여 자동화했다.

인공지능 데이터 칩 2개 획득

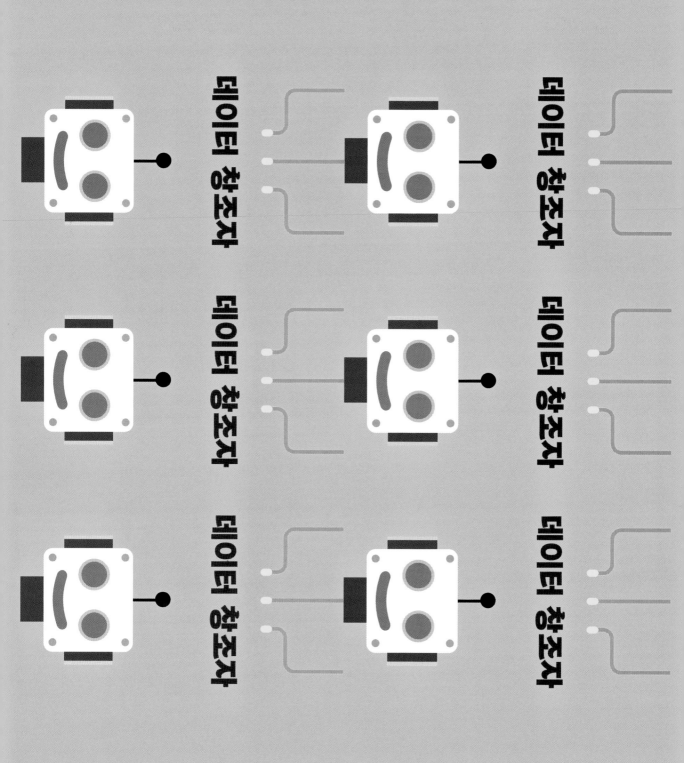

데이터 참조자

데이터 참조자

데이터 참조자

데이터 참조자

데이터 참조자

데이터 참조자

인공지능 리터러시 데이터 참조자 카드

위키피디아는 전 세계인이 만드는 백과사전이다. 그러나 많은 정보를 사람이 관리하기는 어렵다. 이에 인공지능을 도입했다.

인공지능 데이터 칩 1개 획득

인공지능 리터러시 데이터 참조자 카드

인공지능이 '어린이 보호구역 내 어린이 위험 행동 분류 데이터'를 이용하여, 어린이와 관련된 사회문제를 해결할 수 있다.

인공지능 데이터 칩 1개 획득

인공지능 리터러시 데이터 참조자 카드

애플이 골드만삭스와 함께 내놓은 신용카드에서, 인공지능은 같은 소득과 자산의 여성보다 남성에게 더 많은 사용 한도를 부여했다.

인공지능 윤리 칩 1개 획득

인공지능 리터러시 데이터 참조자 카드

인공지능의 도움을 받아 재범 가능성을 판단하여 가석방 여부를 결정했는데, 사후 검증된 재범률은 예상과 달리 백인이 높았다.

인공지능 윤리 칩 1개 획득

인공지능 리터러시 데이터 참조자 카드

"기분이 매우 나빠. 죽고 싶어!"라고 말한 상담자에게, 챗봇은 "내가 도와줄게"라고 답했다.

인공지능 윤리 칩 1개 획득

인공지능 리터러시 데이터 참조자 카드

스코틀랜드 축구 경기를 중계하던 인공지능 카메라가 심판의 머리(대머리)를 축구공으로 착각하여, 경기 내내 그의 머리를 비췄다.

인공지능 윤리 칩 1개 획득

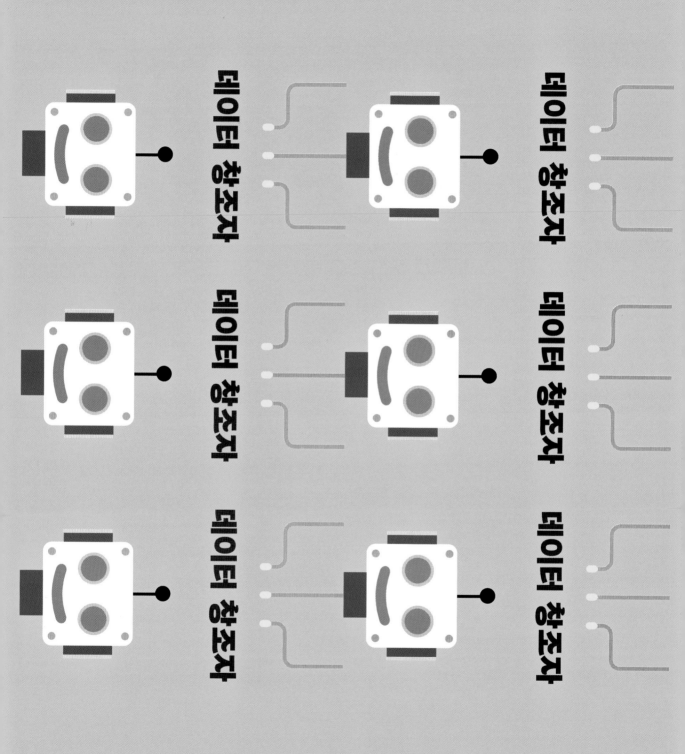

인공지능 리터러시 데이터 참조자 카드

앱 '구글포토'의 인공지능이 흑인 여성의 사진에 '고릴라'라는 태그를 자동으로 붙였는데, 수정하는 데 3년이 걸렸다.

인공지능 윤리 칩 1개 획득

인공지능 리터러시 데이터 참조자 카드

특정 대학병원에서 딥페이크 성착취물이 제작·유포되어, 시민들이 디지털 성범죄 대상이 된 건 아닌지 불안해하고 있다.

인공지능 윤리 칩 1개 획득

인공지능 리터러시 데이터 참조자 카드

AI는 거대언어 모델(LLM)로 학습하는데, 거짓, 편향, 유해한 내용이 포함되며, 업데이트 안 된 오래된 정보도 있다.

인공지능 윤리 칩 2개 반납

인공지능 리터러시 데이터 참조자 카드

미래AI사의 공동 창립자 수바는 AI의 안전 문화에 초점을 뒀지만, 새로운 기술에 집중하는 다른 창립자로 인해 회사를 떠났다.

인공지능 윤리 칩 2개 반납

인공지능 리터러시 데이터 참조자 카드

인공지능 시스템의 에너지 소비량과 시스템 운영 등 성능이 좋아질수록 비용과 에너지가 더 많이 들어간다.

인공지능 윤리 칩 2개 반납

인공지능 리터러시 데이터 참조자 카드

인공지능 기반의 광고 시스템이 사용자의 개인정보를 과도하게 수집하고, 이를 부적절하게 활용하는 사례가 증가하고 있다.

인공지능 윤리 칩 2개 반납

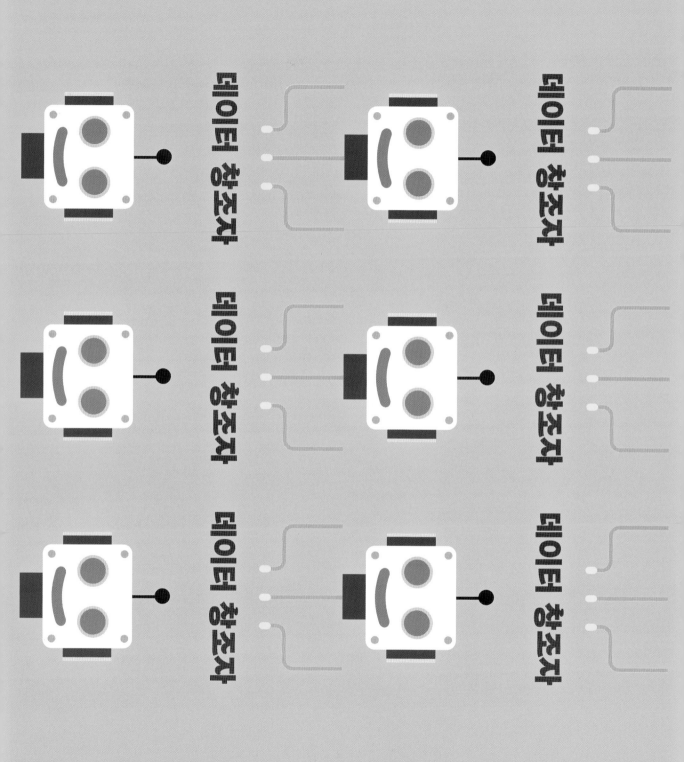

인공지능 리더러시 데이터 참조자 카드

스마트 기기 또는 일부 프로그램이 인공지능 시스템이 해킹당해, 개인정보가 외부로 유출되는 보안 문제가 발생하고 있다.

인공지능 윤리 칩 2개 반납

인공지능 리더러시 데이터 참조자 카드

게임에 삽입된 알고리즘 시스템이 게이머의 현질을 부추기거나, 확률형 아이템에 빠지도록 하는 문제가 발생하고 있다.

인공지능 윤리 칩 2개 반납

인공지능 리더러시 데이터 참조자 카드

인공지능 시스템의 에너지 소비와 운영이 개선될수록 탄소 배출량이 증가하여 환경에 악영향을 미친다.

인공지능 윤리 칩 2개 반납

인공지능 리더러시 데이터 참조자 카드

인공지능이 제시한 진단 결과를 신뢰하여, 그대로 치료에 적용하는 의료 문제가 보고되었다.

인공지능 윤리 칩 2개 반납

인공지능 리더러시 데이터 참조자 카드

자율주행차의 인공지능 시스템이 인식되지 않는 상황에서 오작동하여 교통사고와 관련성을 갖는 일이 발생하고 있다.

인공지능 윤리 칩 2개 반납

인공지능 리더러시 데이터 참조자 카드

인공지능이 자연어 처리 모델이 하위 정보나 가짜 뉴스를 생성하고 확산시키는 데 악용되고 있다.

인공지능 윤리 칩 2개 반납

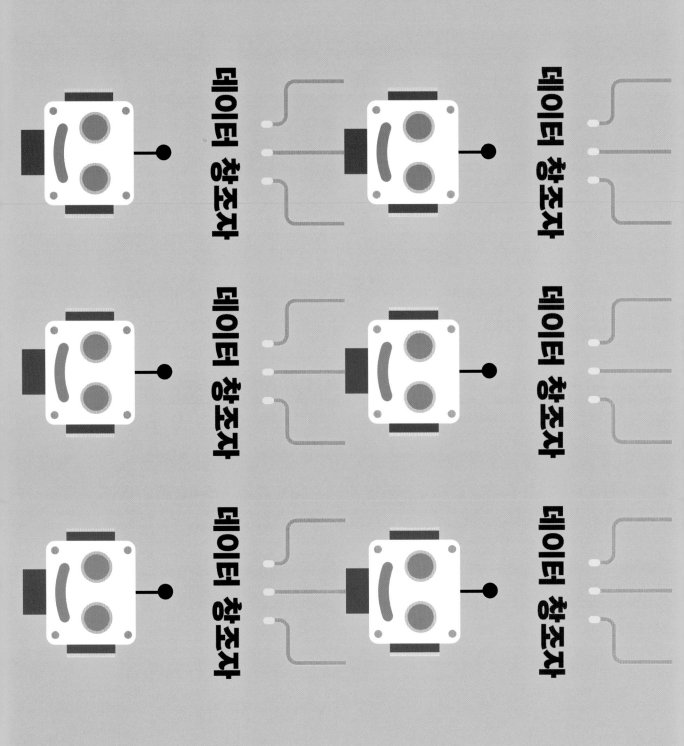

데이터 참조자

데이터 참조자

데이터 참조자

데이터 참조자

데이터 참조자

데이터 참조자

점수 획득 칩

인공지능 칩	인공지능 칩	인공지능 칩	인공지능 칩	인공지능 칩	인공지능 칩
인공지능 칩	인공지능 칩	인공지능 칩	인공지능 칩	인공지능 칩	인공지능 칩
인공지능 칩	인공지능 칩	인공지능 칩	인공지능 칩	인공지능 칩	인공지능 칩
인공지능 칩	인공지능 칩	인공지능 칩	인공지능 칩	인공지능 칩	인공지능 칩
인공지능 칩	인공지능 칩	인공지능 칩	인공지능 칩	인공지능 칩	인공지능 칩
인공지능 칩	인공지능 칩	인공지능 칩	인공지능 칩	인공지능 칩	인공지능 칩
인공지능 칩	인공지능 칩	인공지능 칩	인공지능 칩	인공지능 칩	인공지능 칩
인공지능 칩	인공지능 칩	인공지능 칩	인공지능 칩	인공지능 칩	인공지능 칩